2013年度
中国对外直接投资
统计公报

2013 Statistical Bulletin of China's Outward Foreign Direct Investment

中　华　人　民　共　和　国　商　务　部
Ministry of Commerce of the People's Republic of China
中　华　人　民　共　和　国　国　家　统　计　局
National Bureau of Statistics of China
国　家　外　汇　管　理　局
State Administration of Foreign Exchange

中国统计出版社
China Statistics Press

图书在版编目（CIP）数据

2013 年度中国对外直接投资统计公报 ：汉英对照 ／ 中华人民共和国商务部，中华人民共和国国家统计局，国家外汇管理局编 . -- 北京 ：中国统计出版社，2014.9
ISBN 978-7-5037-7263-4

Ⅰ . ① 2… Ⅱ . ①中… ②中… ③国… Ⅲ . ①对外投资 - 直接投资 - 公报 - 中国 - 2013 - 汉、英 Ⅳ . ① F832.6

中国版本图书馆 CIP 数据核字 (2014) 第 192415 号

2013 年度中国对外直接投资统计公报

作　　者／ 中华人民共和国商务部　中华人民共和国国家统计局　国家外汇管理局
英文翻译／ 葛顺奇（南开大学）　王璐瑶（华南理工大学公共政策研究院）
责任编辑／ 佘竞雄
装帧设计／ 张　冰　黄　晨
出版发行／ 中国统计出版社
地　　址／ 北京市丰台区西三环南路甲 6 号　邮政编码 /100073
电　　话／ 邮购（010）63376909　书店（010）68783171
网　　址／ http://csp.stats.gov.cn
印　　刷／ 北京画中画印刷有限公司
经　　销／ 新华书店
开　　本／ 880mm × 1230mm　1/16
字　　数／ 320 千字
印　　张／ 9.75
版　　别／ 2014 年 9 月第 1 版
版　　次／ 2014 年 9 月第 1 次印刷
定　　价／ 158.00 元

如有印装差错，由本社发行部调换。

目 录

2013 年度中国对外直接投资统计公报

附录　对外直接投资统计制度

Contents

2013 Statistical Bulletin of China's Outward Foreign Direct Investment

2013年度
中国对外直接投资统计公报

中 华 人 民 共 和 国 商 务 部
中华人民共和国国家统计局
国 家 外 汇 管 理 局

英文翻译：
南开大学 葛顺奇
华南理工大学公共政策研究院 王璐瑶

2013 年度中国对外直接投资统计公报

中华人民共和国商务部
中华人民共和国国家统计局
国家外汇管理局

2013 年世界经济仍处于调整期，全球外国直接投资（流出量）较上年实现 1.4% 的小幅增长。中国政府积极推动对外投资便利化，不断完善“走出去”政策促进体系、服务保障体系和风险控制体系建设，中国企业跨国经营实力日益增强。2013 年中国对外直接投资首破千亿美元，连续两年位列世界第三大对外投资国。

一、中国对外直接投资概况

（一）2013 年，中国对外直接投资净额（以下简称流量）为 1078.4 亿美元，较上年增长 22.8%。其中：新增股本投资 307.3 亿美元，占 28.5%；当期利润再投资 383.2 亿美元，占 35.5%；其他投资 387.9 亿美元，占 36%。

截至 2013 年底，中国 1.53 万家[①]境内投资者在国（境）外共设立对外直接投资企业（以下简称境外企业）2.54 万家，分布在全球 184 个国家（地区），年末境外企业资产总额近 3 万亿美元。对外直

① 1.53 万家境内投资者指的是按境内一级投资主体（即母公司）作为统计单位的数量。

接投资累计净额（以下简称存量）达 6604.8 亿美元，其中：股本投资 2059.9 亿美元，占 31.2%；利润再投资 2633.5 亿美元，占 39.9%；其他投资 1911.4 亿美元，占 28.9%。

表1　2013年中国对外直接投资流量、存量分类构成情况

单位：亿美元

分类	流量			存量	
	金额	同比(%)	比重(%)	金额	比重(%)
金融类	151.0	50.0	14.0	1,170.8	17.7
非金融类	927.4	19.3	86.0	5,434.0	82.3
合 计	**1,078.4**	**22.8**	**100.0**	**6,604.8**	**100.0**

注：1. 金融类指境内投资者直接投向境外金融企业的投资；非金融类指境内投资者直接投向境外非金融企业的投资。
2. 2013年非金融流量数据与商务部2013年快报数据(901.7亿美元)差异主要为利润再投资部分。

联合国贸发会议（UNCTAD）《2014 世界投资报告》显示，2013 年全球外国直接投资流出流量 1.41 万亿美元，年末存量 26.31 万亿美元。以此为基数计算，2013 年中国对外直接投资分别占全球当年流量、存量的 7.6% 和 2.5%，流量名列按全球国家（地区）排名的第 3 位，占比较上年提升 1.3 个百分点，存量位居第 11 位。

图 1　2013 年中国与全球主要国家（地区）流量对比

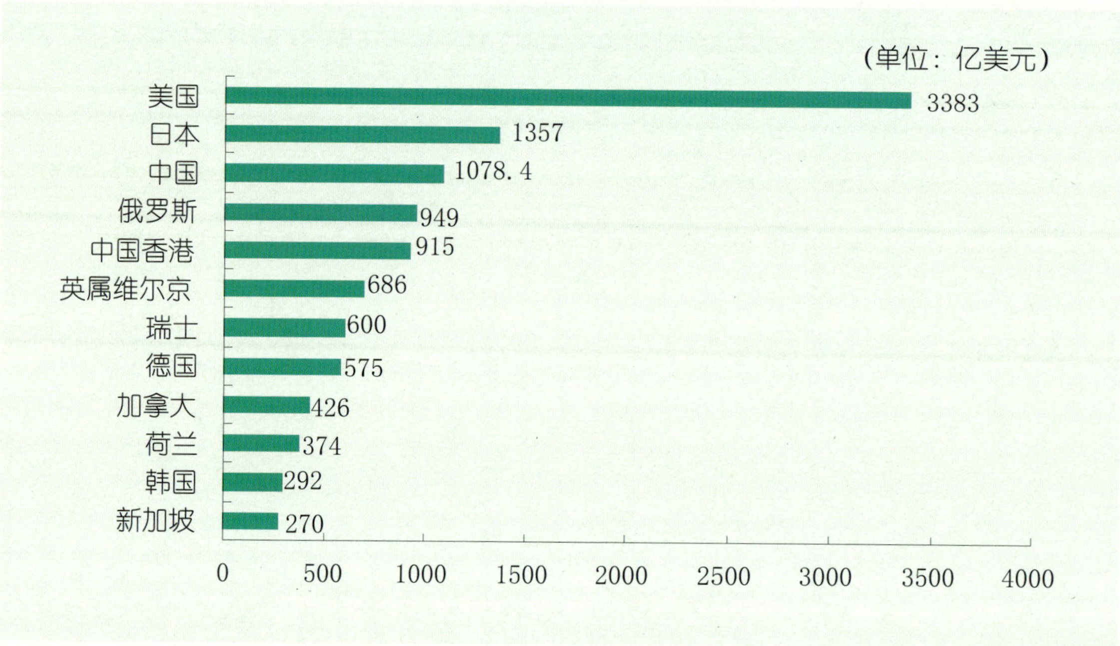

注：2013 年中国对外直接投资来源于商务部统计数据，其他国家（地区）统计数据来源于联合国贸发会议《2014 世界投资报告》，下同。

图2 2013年中国与全球主要国家（地区）存量对比

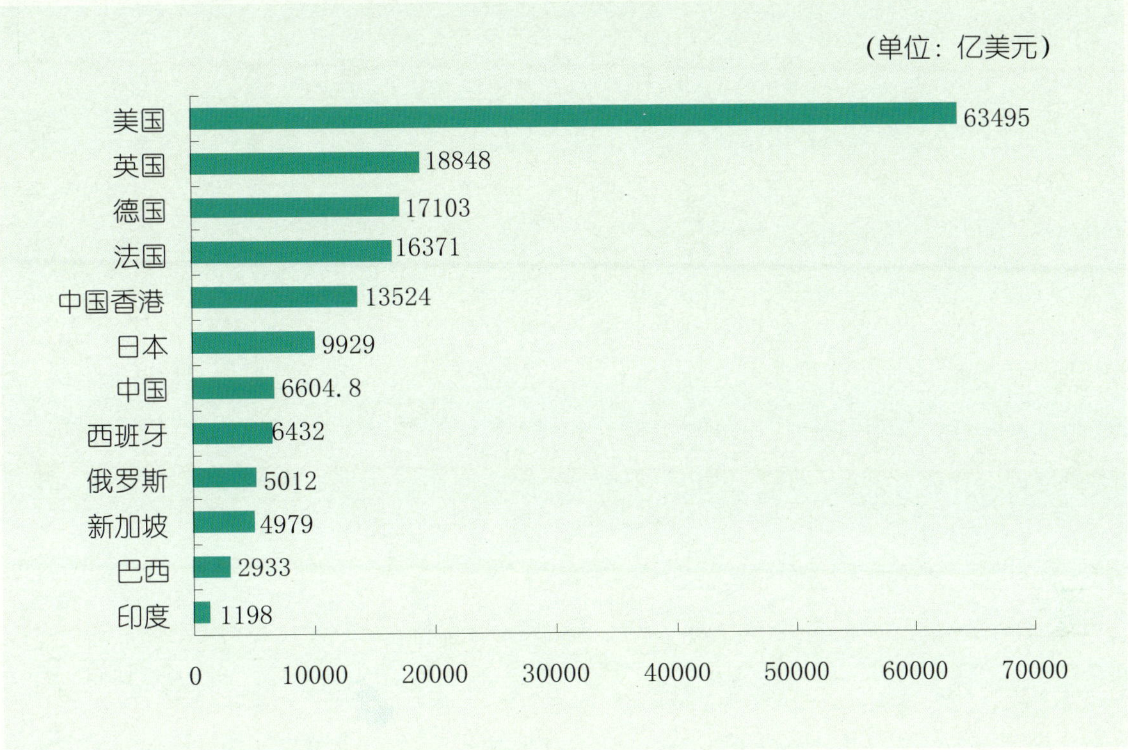

（二）2013年，金融类对外直接投资流量151亿美元，其中货币金融服务类（原银行业）对外直接投资74.8亿美元，占49.5%。

2013年末，金融类对外直接投资存量1170.8亿美元，其中货币金融服务类对外直接投资709.2亿美元，占60.6%；保险业74.7亿美元，占6.4%；资本市场服务（原证券业）43.1亿美元，占3.7%；其他金融业343.8亿美元，占29.3%。金融类境外企业资产总额1.32万亿美元。

截至2013年末，中国国有商业银行②共在美国、日本、英国等35个国家和地区开设61家分行、49家附属机构，员工总人数达4万人，其中雇用外方员工3.8万人，占95%。2013年末，中国共在境外设立保险机构10家。

（三）2013年，中国非金融类对外直接投资927.4亿美元，同比增长19.3%；境外企业实现销售收入14268亿美元，较上年增长14.5%；境内投资者通过境外企业实现的进出口额为4167亿美元，同比增长11.6%，其中：进口总值3078亿美元，同比增长4.6%；出口总值1089亿美元，同比增长38%。

2013年末，非金融类对外直接投资存量5434亿美元，境外企业资产总额1.66万亿美元。

②中国国有商业银行包括中国银行、中国农业银行、中国工商银行、中国建设银行和交通银行。

（四）2013 年，境外企业向投资所在国缴纳的各种税金总额 370 亿美元，年末境外企业员工总数 196.7 万人，其中雇用外方员工 96.7 万人，来自发达国家的雇员有 10.2 万人。

表2　中国建立《对外直接投资统计制度》以来各年份的统计结果

单位:亿美元

年份	流量		存量
	金额	同比(%)	
2002	27.0	—	299.0
2003	28.5	5.6	332.0
2004	55.0	93.0	448.0
2005	122.6	122.9	572.0
2006	211.6	43.8	906.3
2007	265.1	25.3	1,179.1
2008	559.1	110.9	1,839.7
2009	565.3	1.1	2,457.5
2010	688.1	21.7	3,172.1
2011	746.5	8.5	4,247.8
2012	878.0	17.6	5,319.4
2013	1,078.4	22.8	6,604.8

注：1. 2002-2005年数据为中国非金融类对外直接投资数据,2006-2013年为全行业对外直接投资数据。
2. 2006年同比为非金融类对外直接投资比值。

二、中国对外直接投资的特点

（一）2013 年中国对外直接投资流量的特点

1. 流量首破千亿，蝉联全球第三。

2013 年，全球工业生产和贸易疲弱，国际金融市场持续波动，世界经济增速继续小幅回落。全球外国直接投资相对活跃，流入和流出量分别较上年实现 9% 和 1.4% 的增长。中国继 2012 年首次位列世界第三大对外投资国以来，对外直接投资继续保持强劲增势，2013 年再创历史新高，达 1078.4 亿美元，实现了 22.8% 的高增长，蝉联全球第三大对外投资国。自 2003 年中国有关部门权威发布年度数据以来，中国对外直接投资流量已实现连续 11 年增长，2002-2013 年的年均增长速度高达 39.8%。

图 3　1993-2013 年中国对外直接投资流量情况

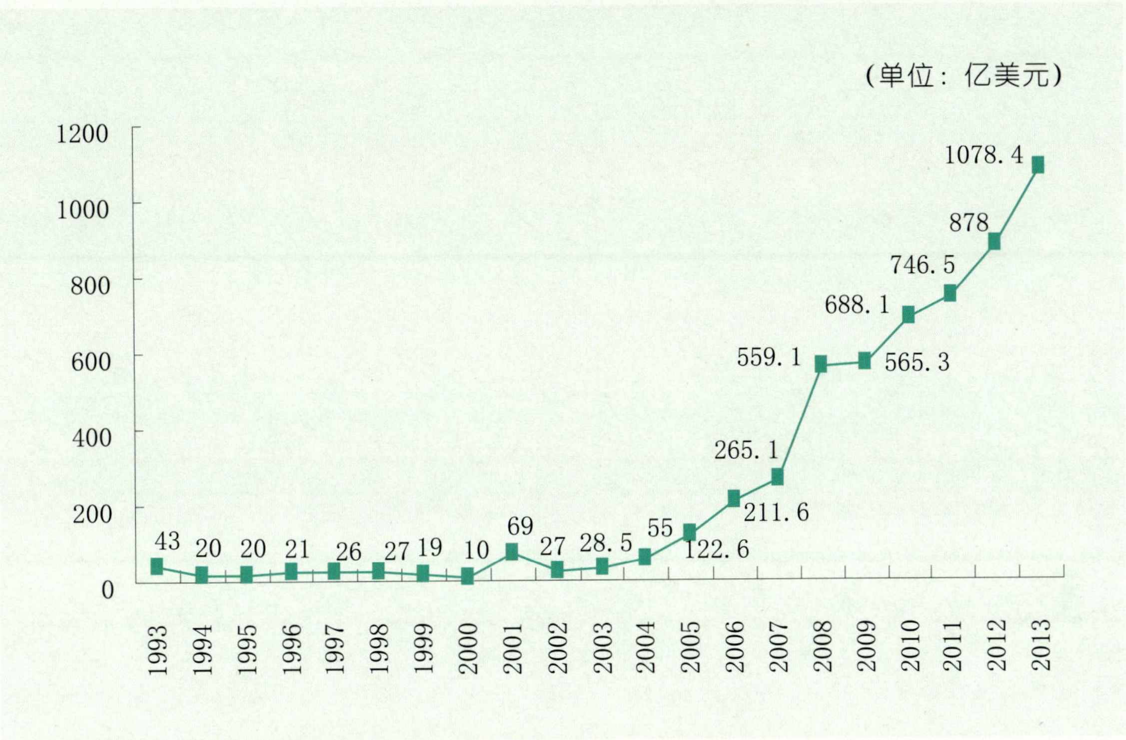

注：1993 至 2001 年中国对外直接投资数据摘自联合国贸发会议世界投资报告，2002 至 2013 年数据来源于中国商务部统计数据。

2. 并购领域多元，单项金额创历史之最。

2013 年中国企业共实施对外投资并购项目 424 起，涉及 70 个国家（地区），实际交易总额 529 亿美元，其中直接投资③ 337.9 亿美元，占当年中国对外直接投资总额的 31.3%；境外融资 191.1 亿美元，占并购金额的 36.1%。中国企业并购涉及采矿业、制造业、房地产、租赁和商务服务业、信息传输、软件和信息技术服务业、批发和零售业等 16 个行业大类。中国海洋石油总公司 148 亿美元收购加拿大尼克森公司 100% 股权项目，创下迄今中国企业海外并购金额之最。

③指境内投资者或其境外企业收购项目的款项来源于境内投资者的自有资金、境内银行贷款（不包括境内投资者担保的贷款）。

表3　2013年我国对外投资并购行业构成

行业	数量(起)	实际交易金额(亿美元)	金额占比（%）
采矿业	43	342.3	64.7
制造业	129	73.2	13.8
房地产业	13	30.8	5.8
租赁和商务服务业	46	21.9	4.1
信息传输、软件和信息技术服务业	23	21.9	4.1
批发和零售业	88	11.4	2.2
住宿和餐饮业	5	7.7	1.5
农、林、牧、渔业	23	5.9	1.1
文化、体育和娱乐业	8	4.8	0.9
电力、热力、燃气及水的生产和供应业	11	3.5	0.7
科学研究和技术服务业	16	3.1	0.6
居民服务、修理和其他服务业	11	1.8	0.3
建筑业	2	0.2	0.2
水利、环境和公共设施管理业	2	0.2	
金融业	1	0.2	
交通运输、仓储和邮政业	3	0.1	
合计	**424**	**529**	**100.0**

注：2013年双汇国际71亿美元收购美国史密斯菲尔德(Smithfield Foods)食品公司100%股权项目，不属中国对外直接投资统计范畴。

表4　2004至2013年中国对外投资并购情况

单位：亿美元

年份	并购金额	同比(%)	比重(%)
2004	30.0	—	54.5
2005	65.0	116.7	53.0
2006	82.5	26.9	39.0
2007	63.0	-23.6	23.8
2008	302.0	379.4	54.0
2009	192.0	-36.4	34.0
2010	297.0	54.7	43.2
2011	272.0	-8.4	36.4
2012	434.0	—	31.4
2013	529.0	21.9	31.3

注：2012、2013年并购金额包括境外融资部分，比重为直接投资占当年流量的比重。

3. 股本投资占比下降，利润再投资提升一成。

2013年，新增股本投资307.3亿美元，同比减少1.3%，占当年流量总额的28.5%，较上年下降

7个百分点；利润再投资383.2亿美元，同比增长70.5%，占35.5%，较上年提升9.9个百分点；其他投资387.9亿美元，同比增长13.5%，占35.9%。

表5　2006至2013年中国对外直接投资流量构成

单位：亿美元

年份	流量	新增股本		当期利润再投资		其他投资	
		金额	比重(%)	金额	比重(%)	金额	比重(%)
2006	211.6	51.7	24.4	66.5	31.4	93.4	44.2
2007	265.1	86.9	32.8	97.9	36.9	80.3	30.3
2008	559.1	283.6	50.7	98.9	17.7	176.6	31.6
2009	565.3	172.5	30.5	161.3	28.5	231.5	41.0
2010	688.1	206.4	30.0	240.1	34.9	241.6	35.1
2011	746.5	313.8	42.0	244.6	32.8	188.1	25.2
2012	878.0	311.4	35.5	224.7	25.6	341.9	38.9
2013	1,078.4	307.3	28.5	383.2	35.5	387.9	36.0

图4　2006至2013年中国对外直接投资构成情况

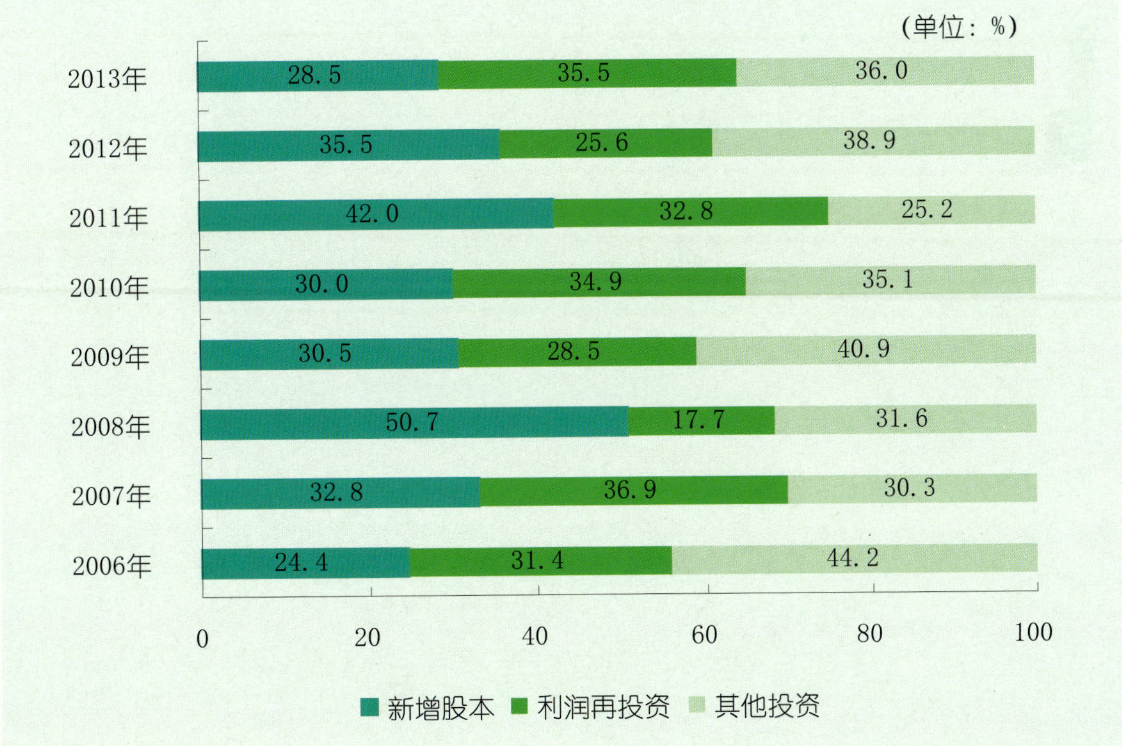

4. 主要行业流量超百亿，采矿业、金融业、房地产等领跑增幅榜。

2013年，中国对外直接投资流量超过100亿美元的行业大类有4个，累计金额816.2亿美元，占流量总额的75.7%。

流向租赁和商务服务业（以投资控股为主要目的）270.6亿美元，占25.1%，同比增长1.2%。

采矿业248.1亿美元，占23%，同比增长83.2%，主要是石油天然气开采业、有色金属开采业、煤炭开采和洗选业、黑色金属矿采选业等。

金融业151亿美元，占14%，同比增长50%。

批发和零售业146.5亿美元，占13.6%，同比增长12.3%。

图5 2013年中国对外直接投资流向的主要行业

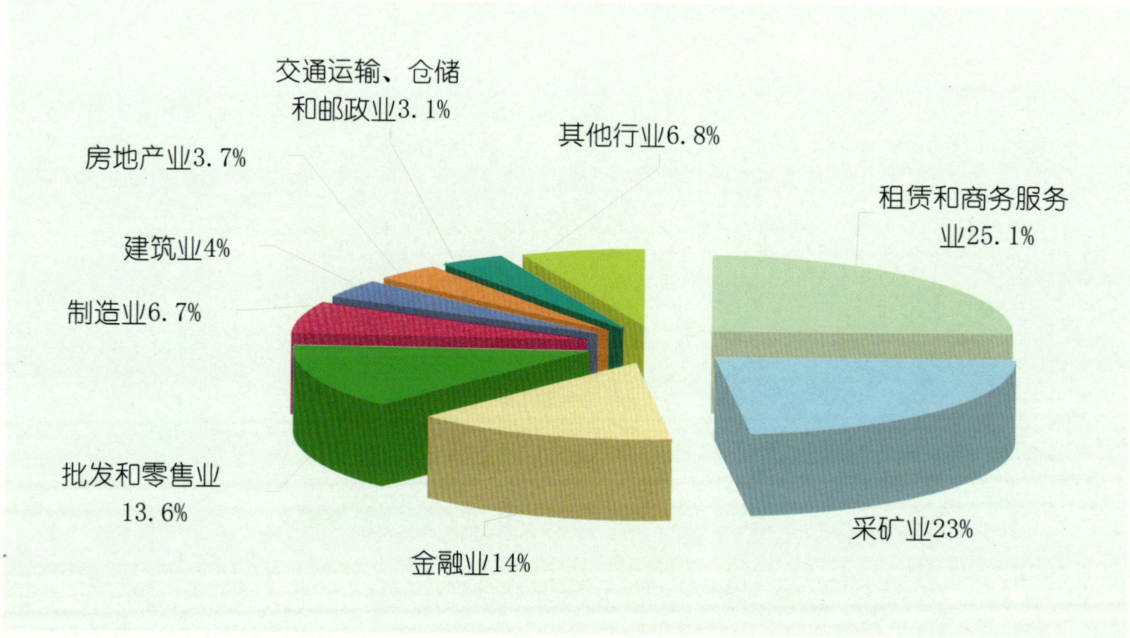

从各行业流量的增长情况看，除上述采矿业、金融业实现50%以上的高速增长外，流向房地产的投资39.5亿美元，同比增长95.9%；建筑业43.6亿美元，同比增长34.5%；农、林、牧、渔业18.1亿美元，同比增长24.1%，科学研究和技术服务业17.9亿美元，同比增长21.2%。

制造业是流量前十行业中唯一负增长的行业，流量金额72亿美元，同比下降17%，占流量总额的6.7%。主要是汽车、电器机械及器材、黑色金属冶炼和压延加工、金属制品、计算机／通信及其他电子设备、专用设备、纺织、食品、化学原料和化学制品制造业等的投资。

图6　2013年中国对外直接投资流量行业分布

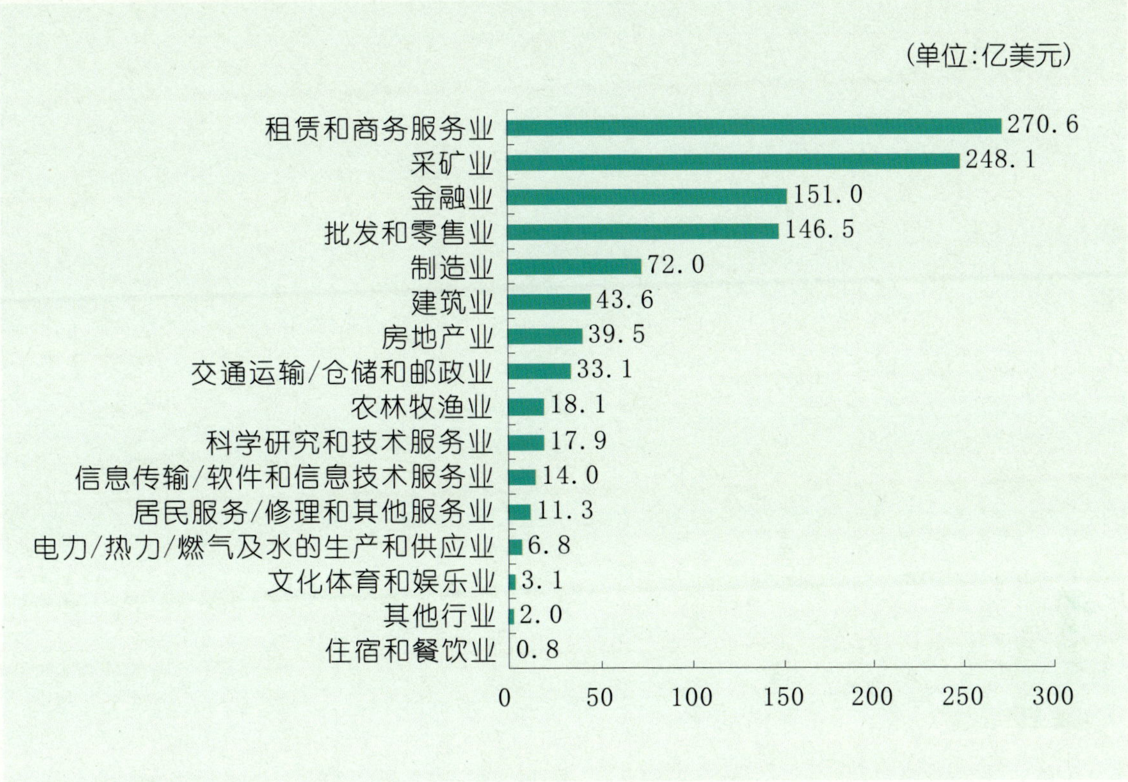

5. **对发展中经济体投资快速增长，对转型经济体下降幅度较大。**

2013年，流向发展中国家经济体的投资917.3亿美元，占到当年流量的85.1%，同比增长31%，其中：对东盟投资72.67亿美元，同比增长19.1%；流向发达国家经济体138.3亿美元，同比增长2.4%，占12.8%；流向转型经济体22.8亿美元，同比下降46.8%。2012年中国对哈萨克斯坦的投资流量高达29.96亿美元，占对转型经济体投资的70%，2013年对哈投资仅为8.11亿美元，同比下降72.9%。但中国对格鲁吉亚、俄罗斯、吉尔吉斯的投资分别实现了59.5%、30.2%、26%的较高增长。

表6　2013年中国对经济体直接投资流量构成

单位：亿美元

经济体	金额	同比（%）	比重（%）
发达国家经济体	138.3	2.4	12.8
发展中经济体	917.3	31.0	85.1
转型经济体	22.8	-46.8	2.1
合计	**1,078.4**	**22.8**	**100.0**

注：经济体划分标准来源于联合国贸发会议《世界投资报告》。

表7 2013年中国对发达经济体投资情况

经济体名称	流量(万美元)	同比(%)
欧盟	452,350	-26.1
美国	387,343	-4.3
加拿大	100,865	26.8
澳大利亚	345,798	59.1
日本	43,405	106.1
新西兰	19,040	102.4
挪威	19,629	2,212.0
瑞士	12,826	1,384.5
以色列	189	-83.7
百慕大群岛	1,893	-51.5
合计	**1,383,338**	**2.4**

注：发达经济体划分标准来源于联合国贸发会议《世界投资报告》。

表8 2013年中国对转型经济体投资情况

经济体名称	流量(万美元)	同比(%)
东南欧	1,206	431.3
独联体	215,409	-48.8
格鲁吉亚	10,962	59.5
合计	**227,577**	**-46.8**

注：东南欧：包括阿尔巴尼亚、波斯尼亚和黑塞哥维纳、塞尔维亚、黑山、马其顿共和国；
独联体包括：亚美尼亚、阿塞拜疆、白俄罗斯、吉尔吉斯斯坦、摩尔多瓦、俄罗斯联邦、乌克兰、塔吉克斯坦、哈萨克斯坦、土库曼斯坦、乌兹别克斯坦。

6. 对中国香港、开曼群岛、英属维尔京群岛、卢森堡的投资大幅增长。

2013年，对外直接投资流向中国香港、开曼群岛、英属维尔京群岛、卢森堡的投资共计765.74亿美元，较上年的552.46亿美元增长38.6%，占流量前20个国家（地区）的比重由上年的69.9%上升至78.9%，占当年流量总额的71%。中国企业在上述国家（地区）设立的境外企业以商务服务业为主，2013年主要并购项目大多通过这些境外企业再投资完成。流量在10亿美元以上的国家（地区）有：

中国香港628.24亿美元，占当年流量的58.3%，主要流向租赁和商务服务业、金融业、批发和零售业、采矿业、交通运输／仓储和邮政业、房地产业、制造业。

开曼群岛92.53亿美元，占8.6%，主要流向商务服务业。

美国38.73亿美元，占3.6%，主要流向采矿业、房地产业、制造业、批发和零售业、交通运／仓储业、租赁和商务服务业、科学研究和技术服务业、建筑业等。

澳大利亚34.58亿美元，占3.2%，主要流向采矿业、房地产业、租赁和商务服务业、批发零售业、金融业、电力／热力／燃气及水的生产和供应业、制造业、农、林、牧、渔业。

英属维尔京群岛 32.22亿美元，占3%，主要流向商务服务业。

新加坡 20.33亿美元，占1.9%，主要流向批发和零售业、金融业、电力／热力／燃气及水的生产和供应业、商务服务业、建筑业、农／林／牧／渔业、采矿业、制造业等。

印度尼西亚 15.63亿美元，占1.5%，主要分布在采矿业、电力／热力／燃气及水的生产和供应业、制造业、金融业、建筑业、农／林／牧／渔业等。

英国 14.2亿美元，占1.3%，主要流向制造业、金融业、批发和零售业、商务服务业等。

卢森堡 12.75亿美元，占1.2%，主要流向金融业、商务服务业、采矿业、电力／热力／燃气及水的生产和供应业、批发和零售业等。

俄罗斯 10.22亿美元，占0.9%，主要流向农／林／牧／渔业、采矿业、制造业、金融业、批发和零售业。

加拿大 10.09亿美元，占0.9%，主要分布在采矿业、金融业、房地产业、制造业、居民服务业等。

表9　2013年中国对外直接投资流量前二十位的国家地区

序号	国家和地区	流量（亿美元）	比重（%）
1	中国香港	628.24	58.3
2	开曼群岛	92.53	8.6
3	美国	38.73	3.6
4	澳大利亚	34.58	3.2
5	英属维尔京群岛	32.22	3.0
6	新加坡	20.33	1.9
7	印度尼西亚	15.63	1.5
8	英国	14.2	1.3
9	卢森堡	12.75	1.2
10	俄罗斯联邦	10.22	0.9
11	加拿大	10.09	0.9
12	德国	9.11	0.8
13	哈萨克斯坦	8.11	0.8
14	老挝	7.81	0.7
15	泰国	7.55	0.7
16	伊朗	7.45	0.7
17	马来西亚	6.16	0.6
18	津巴布韦	5.18	0.5
19	柬埔寨	4.99	0.4
20	越南	4.81	0.4
	合计	**970.69**	**90.0**

7. 除对欧洲地区投资下滑外，对其他地区均呈不同程度的增长。

2013 年，中国对欧洲地区的投资 59.5 亿美元，同比下降 15.4%，占当年流量总额的 5.5%。主要流向英国、卢森堡、俄罗斯、德国、荷兰、法国、挪威、瑞典等。

流向拉丁美洲的投资 143.6 亿美元，实现了 132.7% 的高速增长，占 13.3%。主要流向开曼群岛、英属维尔京群岛、厄瓜多尔、委内瑞拉、巴西等。其中，对避税地开曼群岛和英属维尔京群岛的投资 124.75 亿美元，占对拉美地区投资总额的 86.9%。

大洋洲 36.6 亿美元，同比增长 51.6%，占 3.4%。主要流向澳大利亚、新西兰、斐济、巴布亚新几内亚。

非洲 33.7 亿美元，同比增长 33.9%，占 3.2%。主要分布在津巴布韦、赞比亚、肯尼亚、安哥拉、尼日利亚、阿尔及利亚、坦桑尼亚、苏丹等。2013 年对非投资领域分布广泛，主要涉及建筑业、采矿业、制造业、科学研究和技术服务业、农林牧渔业、文化娱乐业等 17 个行业大类。

表10　2013年中国对非洲直接投资流量行业构成

行业	流量（万美元）	比重（%）
建筑业	123,940	36.8
采矿业	83,176	24.7
制造业	50,944	15.1
科学研究和技术服务业	44,844	13.3
农、林、牧、渔业	16,726	5.0
文化、体育和娱乐业	15,230	4.5
批发和零售业	9,509	2.8
租赁和商务服务业	6,810	2.0
房地产业	3,284	1.0
电力、热力、燃气及水的生产和供应业	2,076	0.6
交通运输、仓储和邮政业	625	0.2
水利、环境和公共设施管理业	200	0.1
卫生和社会工作	119	
信息传输、软件和信息技术服务业	55	
居民服务、修理和其他服务业	44	
住宿和餐饮业	41	
金融业	-20,559	-6.1
合计	**337,064**	**100.0**

亚洲 756 亿美元，同比增长 16.7%，占流量总额的 70.1%，主要分布在中国香港、新加坡、印度尼西亚、哈萨克斯坦、老挝、泰国、伊朗、马来西亚、柬埔寨等。其中对中国香港的投资占对亚洲投资流量的 83.1%。

北美洲 49 亿美元，较上年实现 0.4% 的微增长，占 4.5%, 主要流向美国、加拿大。

图 7　2013 年中国对外直接投资流量地区分布

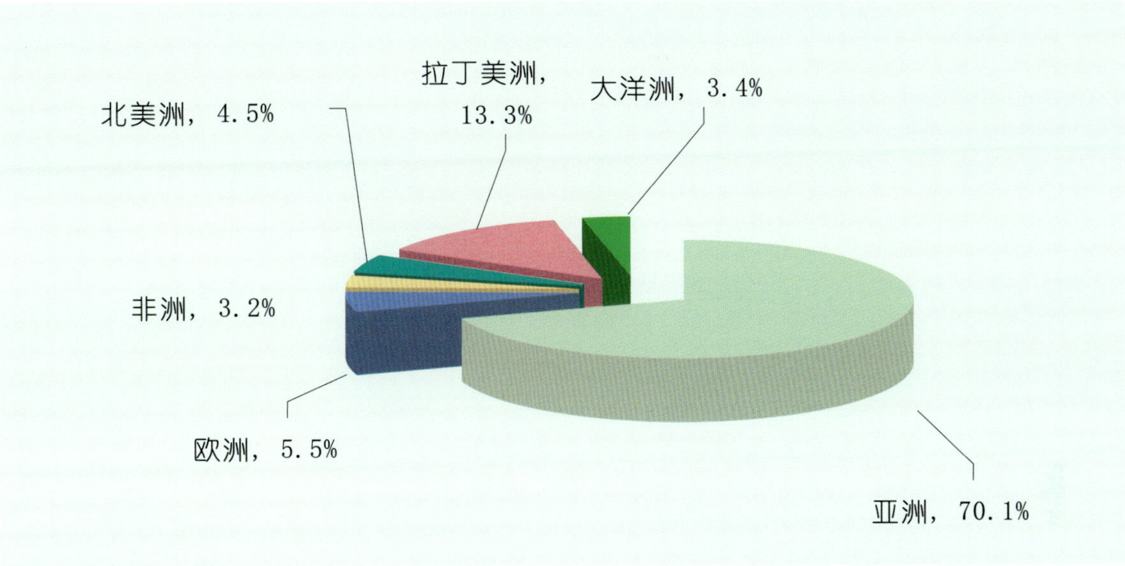

表11　2013年中国对外直接投资流量地区构成情况

单位:亿美元

洲别	金额	同比（%）	比重（%）
亚洲	756.0	16.7	70.1
拉丁美洲	143.6	132.7	13.3
欧洲	59.5	-15.4	5.5
北美洲	49.0	0.4	4.5
大洋洲	36.6	51.6	3.4
非洲	33.7	33.9	3.2
合计	**1078.4**	**22.8**	**100.0**

8. **地方对外投资稳步增长，广东、山东、北京位列前三。**

2013 年，地方非金融类对外直接投资流量达 364.15 亿美元，同比增长 6.5%，占全国非金融类对外直接投资流量的 39.3%，其中：东部地区 292.24 亿美元，同比增长 14.8%；中部地区 35.36 亿美元，同比增长 9.6%；西部地区 36.55 亿美元，同比下降 33.9%。 广东、山东、北京、江苏、上海、浙江、辽宁、天津、福建、河北位列地方对外直接投资流量前 10 位，合计 268.81 亿美元，占地方对外投资流量的 73.8%，其中北京、天津、河北分别实现了 144.5%、66%、60.5% 的高增长。

表12　2013年地方对外直接投资流量按区域分布情况

地区	流量（亿美元）	同比（%）
东部地区	292.24	14.8
中部地区	35.36	9.6
西部地区	36.55	-33.9
合计	**364.15**	**6.5**

注：1. 中部地区包括山西、安徽、江西、河南、湖北、湖南六省。

2. 西部地区包括：内蒙古、广西、四川、重庆、贵州、云南、陕西、甘肃、青海、宁夏、新疆、西藏。

表13　2013年地方对外直接投资流量前十位的省市区

序号	省市区名称	流量（亿美元）
1	广东省	59.43
2	山东省	42.65
3	北京市	41.30
4	江苏省	30.20
5	上海市	26.75
6	浙江省	25.53
7	辽宁省	12.95
8	天津市	11.20
9	福建省	9.52
10	河北省	9.28
	合计	**268.81**

9. 从境内投资者工商注册类型上看，国有企业降至四成。

2013年，非金融类对外直接投资927.4亿美元，其中国有企业占43.9%；有限责任公司占42.2%，股份有限公司占6.2%，股份合作企业占2.2%，私营企业占2%，外商投资企业占1.3%，其他占2.2%。

（二）2013年末中国对外直接投资存量特点

1. 全球排名前进两位，与发达国家仍存在较大差距。

2013年末，中国对外直接投资存量6604.8亿美元，按国家（地区）存量排名，超过意大利和西班牙名列全球第11位，较上年前进两位。中国对外直接投资起步晚、发展快，但存量规模仍远不及发达国家，仅相当于同期美国对外投资存量的10.4%，英国的35%，德国的38.6%，法国的40.3%，日本的66.5%。

图 8　2002 至 2013 年中国对外直接投资存量情况

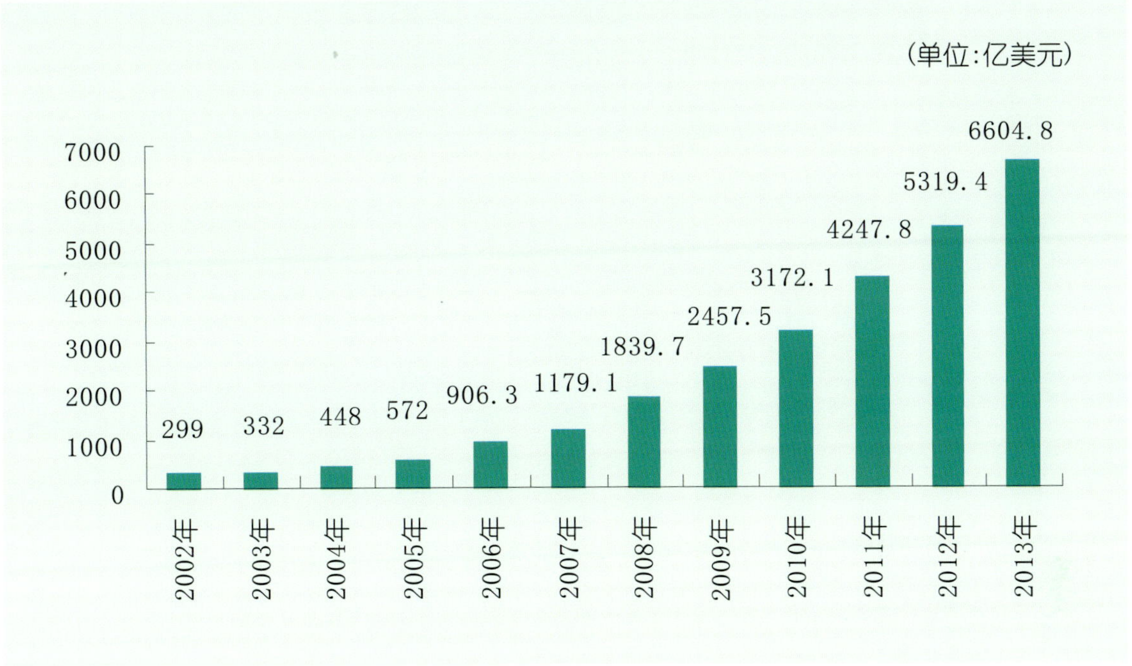

表14　2013年末全球对外直接投资存量前十位的国家(地区)

位次	国家地区	2013年末存量(亿美元)	中国存量占比(%)
1	美国	63,495.1	10.4
2	英国	18,848.2	35.0
3	德国	17,103.0	38.6
4	法国	16,371.4	40.3
5	中国香港	13,523.5	48.8
6	瑞士	12,593.7	52.4
7	荷兰	10,718.2	61.6
8	比利时	10,090.0	65.5
9	日本	9,929.0	66.5
10	加拿大	7,324.2	90.2

注：数据来源于联合国贸发会议《2014 世界投资报告》。

图9　2013年末全球主要经济体对外直接投资存量占比

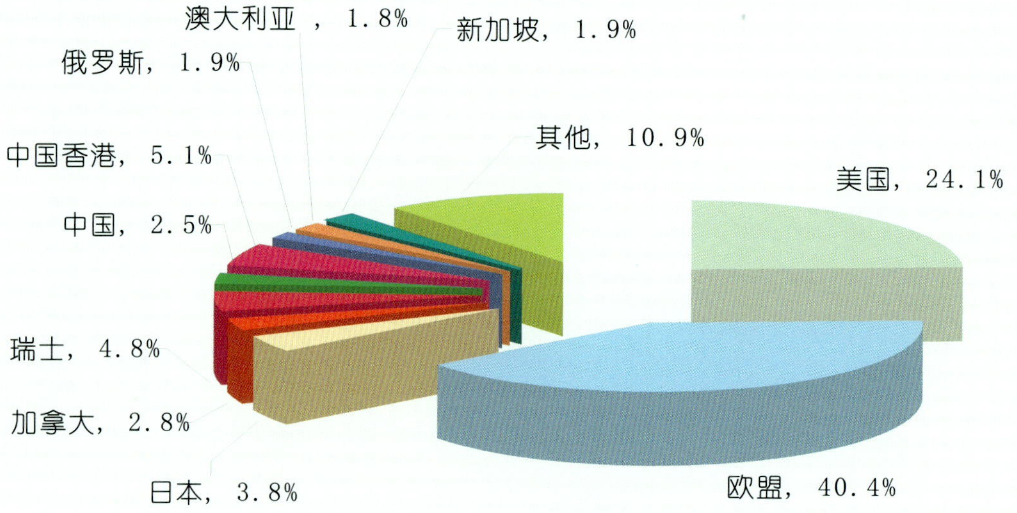

2. 市场遍布全球六大洲，八成存量集中在发展中经济体。

2013年末，中国对外直接投资分布在全球的184个国家（地区），占全球国家（地区）总数的79%，2013年较上年新增了对马尔代夫、尼加拉瓜、基里巴斯、伯利兹、布基纳法索的投资。

2013年末，中国在**亚洲地区**的投资存量为4474.1亿美元，占67.7%，主要分布在中国香港、新加坡、哈萨克斯坦、印度尼西亚、缅甸、中国澳门、蒙古、伊朗、柬埔寨、老挝、泰国、印度、巴基斯坦、越南等；中国香港占到亚洲存量的84.3%。

拉丁美洲860.9亿美元，占13%，主要分布在开曼群岛、英属维尔京群岛、委内瑞拉、巴西、阿根廷、厄瓜多尔、秘鲁、墨西哥等。其中开曼群岛和英属维尔京群岛累计存量762.2亿美元，占对拉美地区投资存量的88.5%。

中国在亚洲和拉丁美洲的投资存量达5335亿美元，共分布在75个国家（地区），占年末存量的80.7%，而覆盖的国家（地区）数量仅占40.8%。

欧洲531.6亿美元，占8.1%，主要分布在英国、卢森堡、俄罗斯、挪威、法国、德国、荷兰、瑞典、意大利等国家。

非洲261.9亿美元，占4%，主要分布在南非、赞比亚、尼日利亚、安哥拉、津巴布韦、苏丹、阿尔及利亚、刚果（金）、毛里求斯、加纳、埃塞俄比亚、坦桑尼亚、刚果（布）、肯尼亚等国家。

北美洲286.1亿美元，占4.3%，主要分布在美国、加拿大。

大洋洲190.2亿美元，占2.9%，主要分布在澳大利亚、新西兰、巴布亚新几内亚、斐济、萨摩亚等国家。

图 10　2013 年中国对外直接投资存量地区分布情况

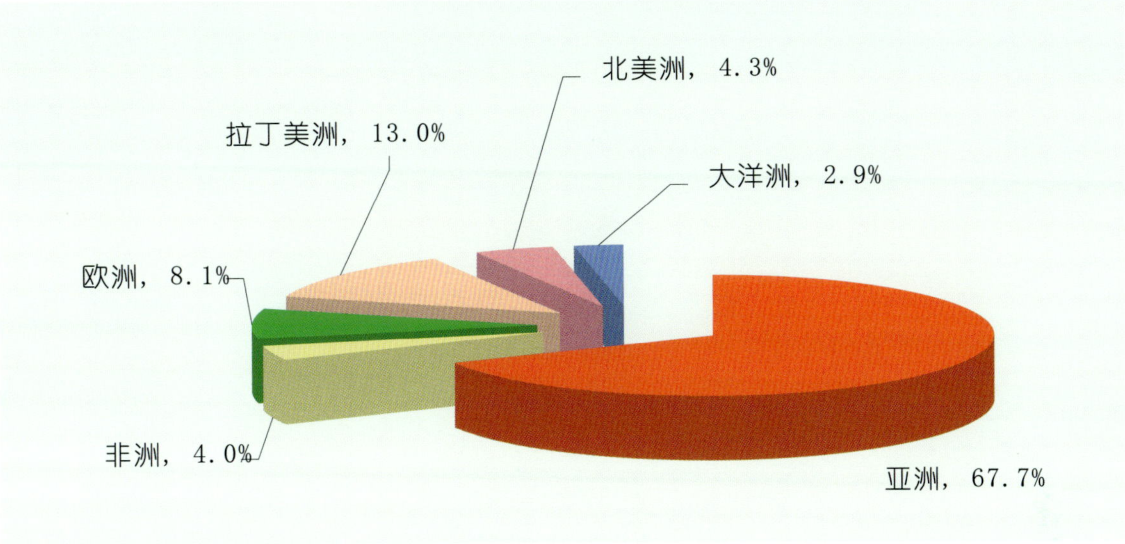

存量的八成分布在发展中经济体。2013 年末，中国对发展中经济体的投资存量为 5497.2 亿美元，占 83.2%。对发达经济体 937 亿美元，占 14.2%，较上年提升 0.5 个百分点，其中欧盟 400.97 亿美元，占对发达经济体投资存量的 42.8%；美国 219 亿美元，占 23.4%；澳大利亚 174.5 亿美元，占 18.6%；加拿大 61.96 亿美元，占 6.6%；挪威 47.72 亿美元，占 5.1%；日本 18.98 亿美元，占 2%。

表15　2013年末中国在发达国家(地区)直接投资存量情况

国家、经济体名称	存量(亿美元)	比重(%)
欧盟	400.97	42.8
挪威	47.72	5.1
瑞士	2.97	0.3
美国	219.00	23.4
加拿大	61.96	6.6
澳大利亚	174.50	18.6
新西兰	5.42	0.6
日本	18.98	2.0
以色列	0.34	–
百慕大	5.14	0.6
合计	**937.00**	**100.0**

2013 年末，中国对转型经济体的直接投资存量 170.6 亿美元，占存量总额的 2.6%。其中俄罗斯 75.82 亿美元，占对转型经济体投资存量的 44.4%；哈萨克斯坦 69.57 亿美元，占 40.8%；吉尔吉斯斯

坦 8.86 亿美元，占 5.2%；塔吉克斯坦 5.99 亿美元，占 3.5%；土库曼斯坦 2.53 亿美元，占 1.5%。

图 11　2013 年末中国对经济体直接投资存量构成

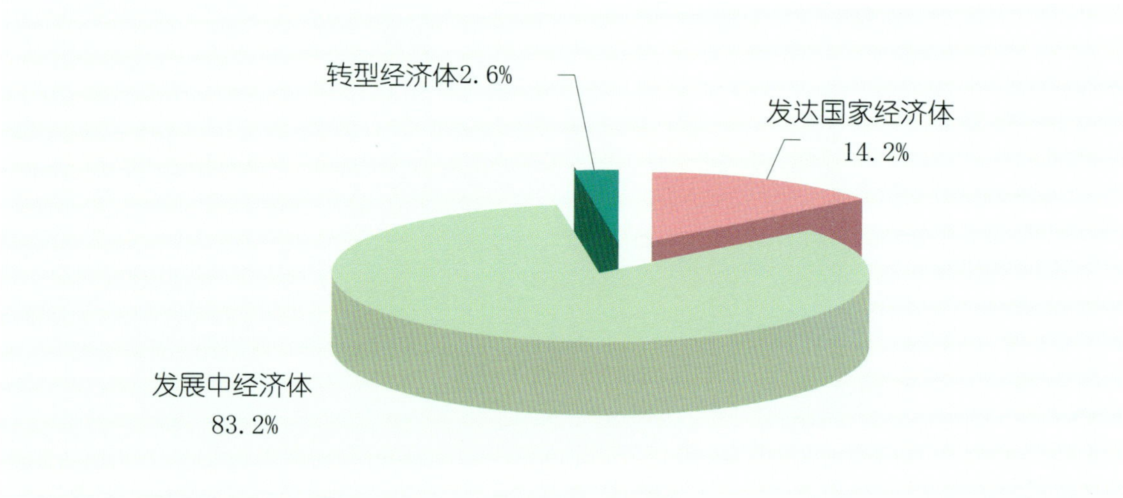

2013 年末，中国对外直接投资存量前 20 位的国家（地区）累计达到 5861.6 亿美元，占中国对外直接投资存量的 88.7%。它们是：中国香港、开曼群岛、英属维尔京群岛、美国、澳大利亚、新加坡、英国、卢森堡、俄罗斯、哈萨克斯坦、加拿大、挪威、印度尼西亚、法国、南非、德国、缅甸、中国澳门、蒙古、荷兰。

表16　2013年末中国对外直接投资存量前二十位的国家(地区)

序号	国家(地区)	存量(亿美元)	比重(%)
1	中国香港	3,770.93	57.1
2	开曼群岛	423.24	6.4
3	英属维尔京群岛	339.03	5.1
4	美国	219.00	3.3
5	澳大利亚	174.50	2.6
6	新加坡	147.51	2.2
7	英国	117.98	1.8
8	卢森堡	104.24	1.6
9	俄罗斯联邦	75.82	1.1
10	哈萨克斯坦	69.57	1.1
11	加拿大	61.96	0.9
12	挪威	47.72	0.7
13	印度尼西亚	46.57	0.7
14	法国	44.48	0.7
15	南非	44.00	0.7
16	德国	39.79	0.6
17	缅甸	35.70	0.6
18	中国澳门	34.09	0.5
19	蒙古	33.54	0.5
20	荷兰	31.93	0.5
	合计	**5,861.60**	**88.7**

3. 涉及国民经济各行业，五大行业集中度超八成。

2013 年末，中国对外直接投资覆盖了国民经济所有行业类别，其中租赁和商务服务业、金融业、采矿业、批发和零售业、制造业等五大行业累计存量达 5486 亿美元，占中国对外直接投资存量总额的 83%。

租赁和商务服务业（以投资控股为主要目的）1957.4 亿美元，占 29.6%。

金融业 1170.8 亿美元，占 17.7%，其中货币金融服务 709.2 亿美元，占金融业存量的 60.6%；资本市场服务 43.1 亿美元，占 3.7%；保险业 74.7 亿美元，占 6.3%；其他金融业 343.8 亿美元，占 29.4%。

采矿业 1061.7 亿美元，占 16.1%，主要分布在石油和天然气开采业、黑色金属、有色金属矿采选业。

批发和零售业 876.5 亿美元，占 13.3%，主要为贸易类投资。

制造业 419.8 亿美元，占 6.4%，主要分布在化学原料及化学制品制造业、通信设备／计算机及其他电子设备制造业、汽车制造业、专用设备制造业、电器机械和器材制造业、纺织业、食品制造业、有色金属冶炼及压延加工业、黑色金属冶炼及压延加工业、医药制造业、纺织服装／装饰业、通用设备制造业、金属制品业、橡胶和塑料制品业等。

交通运输、仓储和邮政业 322.3 亿美元，占 4.9%，主要分布在水上运输业、装卸搬运及其他运输代理业、航空运输业、管道运输业等。

建筑业 194.5 亿美元，占 2.9%，主要是房屋建筑业、建筑装饰和其他建筑业、建筑安装业的投资。

房地产业 154.2 亿美元，占 2.3%。

电力、热力、燃气及水的生产和供应业 112 亿美元，占 1.7%，主要为电力、热力生产和供应业的投资。

科学研究和技术服务业 86.7 亿美元，占 1.3%，主要为专业技术服务业、研究试验和发展的投资。

居民服务、修理和其他服务业 76.9 亿美元，占 1.2%，主要是其他服务业以及居民服务业的投资。

信息传输、软件和信息技术服务业 73.8 亿美元，占 1.1%，主要为软件和信息技术服务业等。

农、林、牧、渔业 71.8 亿美元，占 1.1%，其中农业占 28.6%，林业占 26.8%，渔业占 14.3%。

文化、体育和娱乐业 11 亿美元，占 0.2%。

住宿和餐饮业 9.5 亿美元，占 0.1%。

其他行业 5.9 亿美元，占 0.1%。

图 12　2013 年末中国对外直接投资存量行业分布

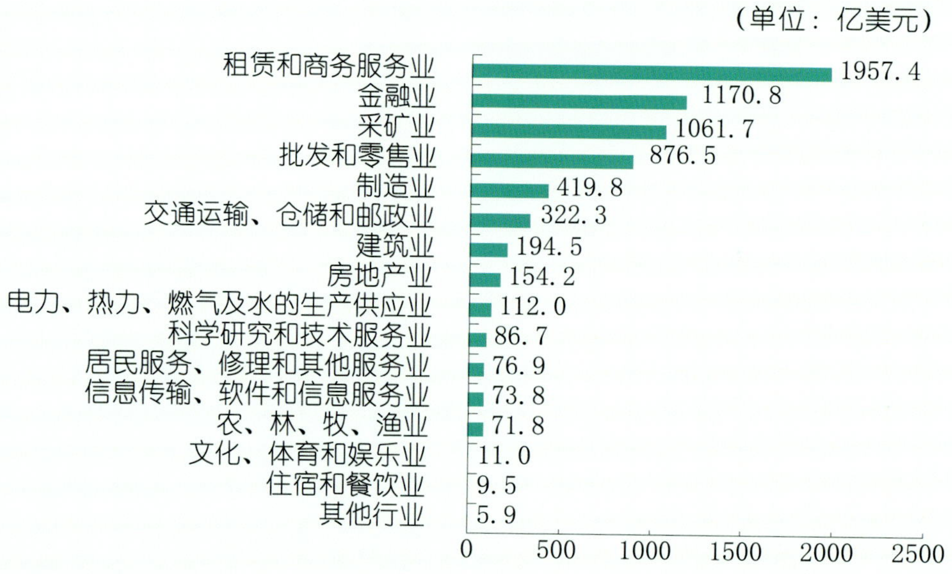

图 13　2013 年末中国对外直接投资存量行业比重

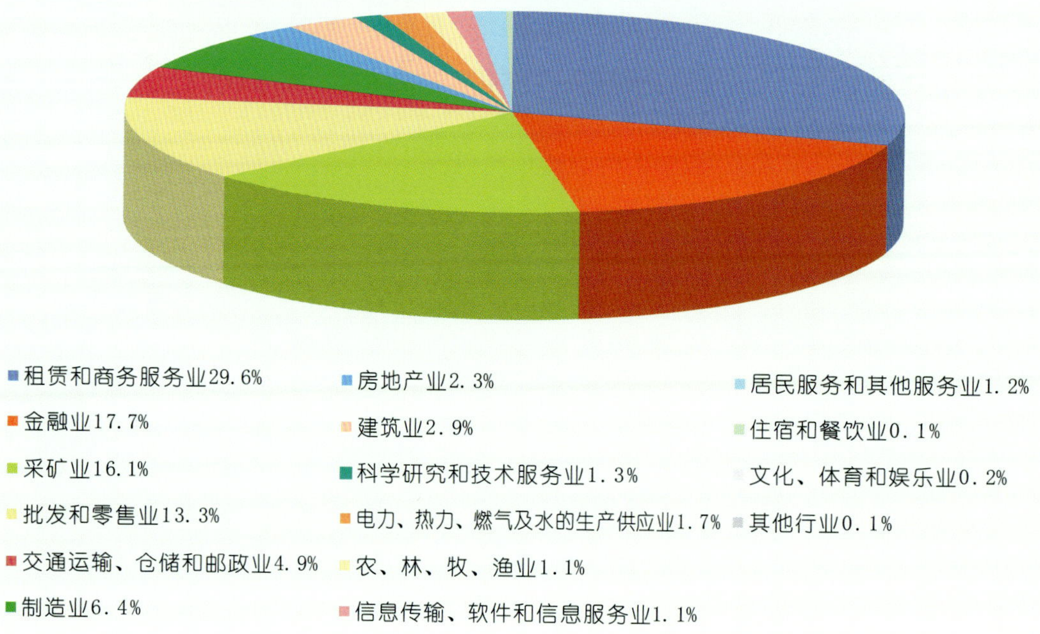

从存量行业的地区分布情况看，中国对各地区直接投资的行业高度集中。

表17 2013年末中国对各洲直接投资存量前五位的行业

地区	行业名称	存量(亿美元)	比重(%)
亚洲	租赁和商务服务业	1,398.2	31.2
	金融业	838.1	18.7
	批发和零售业	709.8	15.9
	采矿业	571.7	12.8
	交通运输、仓储和邮政业	277.2	6.2
	小计	**3,795.0**	**84.8**
非洲	采矿业	69.2	26.4
	建筑业	68.4	26.1
	金融业	36.6	14.0
	制造业	35.1	13.4
	科学研究和技术服务业	13.4	5.1
	小计	**222.7**	**85.0**
欧洲	租赁和商务服务业	113.1	21.3
	制造业	108.6	20.4
	采矿业	93.3	17.6
	金融业	89.0	16.7
	批发和零售业	45.1	8.5
	小计	**449.1**	**84.5**
拉丁美洲	租赁和商务服务业	410.8	47.7
	采矿业	149.3	17.3
	金融业	120.7	14.1
	批发和零售业	85.6	9.9
	交通运输、仓储和邮政业	22.6	2.6
	小计	**789.0**	**91.6**
北美洲	金融业	75.0	26.2
	采矿业	61.3	21.4
	制造业	49.7	17.4
	批发和零售业	19.7	6.9
	租赁和商务服务业	19.5	6.8
	小计	**225.2**	**78.7**
大洋洲	采矿业	116.9	61.5
	房地产业	19.0	10.0
	金融业	11.5	6.0
	农、林、牧、渔业	8.4	4.4
	租赁和商务服务业	8.3	4.4
	小计	**164.1**	**86.3**

4. 国有企业占半壁江山，非国有企业占比不断扩大。

2013年末，在非金融类对外直接投资5434亿美元存量中，国有企业占55.2%，非国有企业占比44.8%，较上年提升4.6个百分点，其中有限责任公司占30.8%，较上年增加4.6个百分点；股份有限公司占7.5%；股份合作企业占2%；私营企业占2.2%；外商投资企业占1.2%；港澳台投资企业占0.4%；集体企业占0.1%；其他占0.6%。

图14 2013年末中国非金融类对外直接投资存量按境内投资者注册类型分布情况

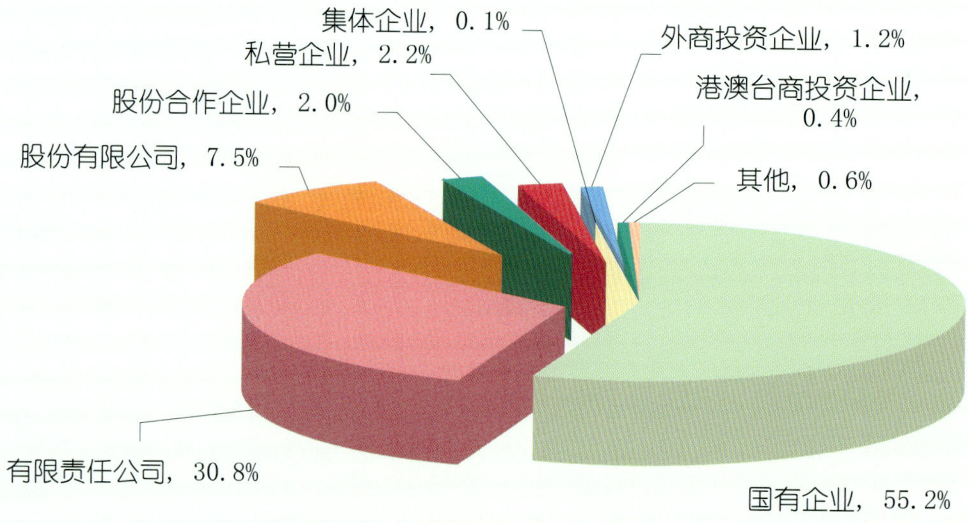

图15 2006至2013年中国国有企业和非国有企业存量占比情况

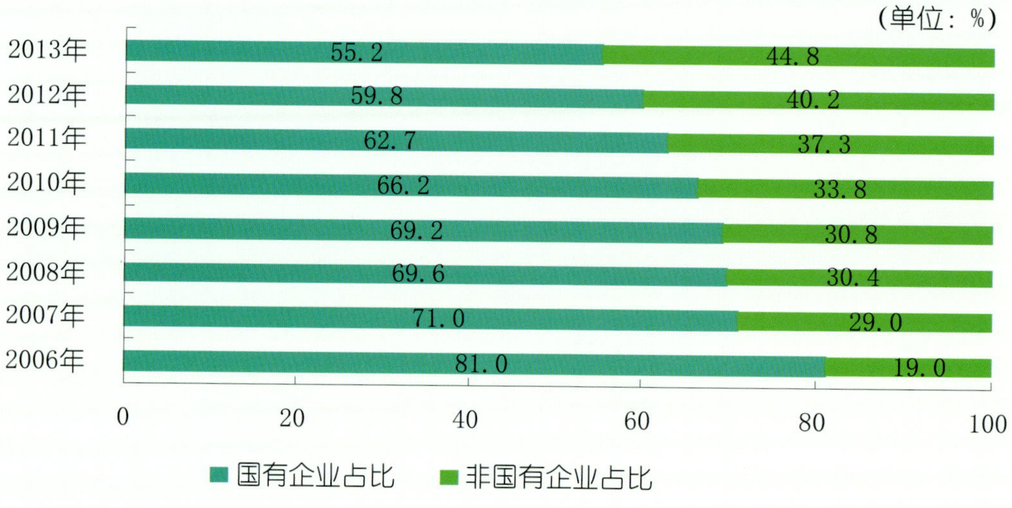

5. 地方企业比重逐年增加，首次突破三成。

2013年末，地方企业非金融类对外直接投资存量达到1649亿美元，占全国非金融类存量的30.3%，较上年增加1.8个百分点。其中：东部地区1307.5亿美元，占79.3%；西部地区193.9亿美元，占11.7%；中部地区147.6亿美元，占9%。广东是中国对外直接投资存量最大的省份，其次为上海，以后依次为山东、北京、江苏、浙江、辽宁、湖南、福建、云南等。

图16　2013年末地方企业对外直接投资存量地区比重构成

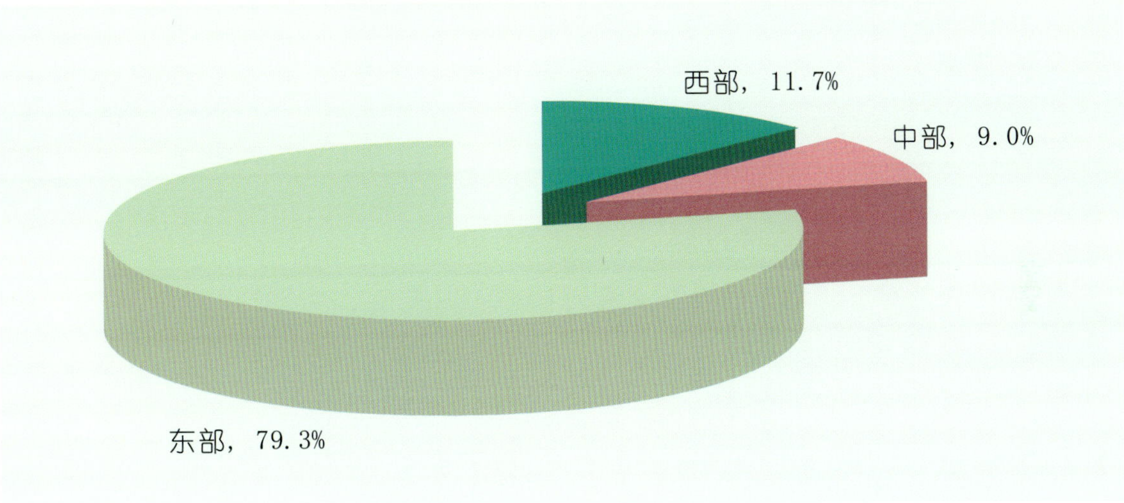

表18　2013年末对外直接投资存量前十位的省市区

序号	省市区名称	存量(亿美元)
1	广东省	342.34
2	上海市	178.44
3	山东省	160.47
4	北京市	127.65
5	江苏省	111.63
6	浙江省	109.88
7	辽宁省	77.31
8	湖南省	45.47
9	福建省	39.68
10	云南省	38.66
	合计(占地方存量74.7%)	**1,231.53**

三、中国对世界主要经济体的直接投资

表19　2013年中国对主要经济体投资情况

单位:亿美元

经济体名称	流量			存量	
	金额	同比(%)	比重(%)	金额	比重(%)
中国香港	628.24	22.6	58.3	3,770.9	57.1
欧盟	45.24	-26.1	4.2	401.0	6.1
东盟	72.67	19.1	6.7	356.7	5.4
美国	38.73	-4.3	3.6	219.0	3.3
澳大利亚	34.58	59.1	3.2	174.5	2.7
俄罗斯联邦	10.22	30.2	0.9	75.8	1.1
合计	**829.68**	**17.7**	**76.9**	**4,997.9**	**75.7**

（一）中国内地对香港地区的投资

2013年，中国内地对香港地区的投资流量为628.24亿美元，占流量总额的58.3%，同比增长22.6%，是中国对外直接投资流量最大的地区。中国对外直接投资主要并购项目大多通过香港地区再投资完成，如2013年中国海洋石油收购加拿大尼克森公司100%股权、中石化集团公司收购美国阿帕奇公司埃及油气部分资产、海航集团收购荷兰提普拖车等项目。从行业情况看，流向以投资控股为主要目标的租赁和商务服务业176.7亿美元，同比下降19%，占28.1%；金融业126.77亿美元，同比增长54.1%，占20.2%；批发和零售业108.81亿美元，同比增长7.6%，占17.3%；采矿业107.88亿美元，同比增长264%，占17.2%；交通运输、仓储和邮政业28.8亿美元，同比增长122.2%，占4.6%；房地产业22.92亿美元，同比增长44.8%，占3.7%；制造业14.84亿美元，同比下降40.6%，占2.4%。

2013年末，中国内地共在香港地区设立直接投资企业7000多家，年末投资存量3770.93亿美元，占存量总额的57.1%。从主要行业构成情况看，租赁和商务服务业1351.83亿美元，占35.8%；金融业764.14亿美元，占20.3%；批发和零售业625.31亿美元，占16.6%；采矿业389.67亿美元，占10.3%；交通运输、仓储业253.66亿美元，占6.7%；制造业121.96亿美元，占3.2%；房地产业占2.4%；居民服务、修理和其他服务业占1.6%；信息传输、软件和信息技术服务业占1.3%；建筑业占0.6%；电力、热力、燃气和水的生产和供应业以及科学研究和技术服务业各占0.4%，其他行业占0.5%。

表20　2013年中国内地对中国香港直接投资的主要行业

单位:万美元

行业	流量	比重（%）	存量	比重（%）
租赁和商务服务业	1,767,615	28.1	13,518,344	35.8
金融业	1,267,720	20.2	7,641,423	20.3
批发和零售业	1,088,114	17.3	6,253,125	16.6
采矿业	1,078,842	17.2	3,896,658	10.3
交通运输/仓储和邮政业	287,963	4.6	2,536,587	6.7
制造业	148,387	2.4	1,219,578	3.2
房地产业	229,153	3.7	898,222	2.4
居民服务/修理和其他服务业	84,334	1.3	604,094	1.6
信息传输/软件和信息技术服务业	128,506	2.0	502,634	1.3
建筑业	74,309	1.2	230,333	0.6
电力/热力/燃气及水的生产和供应业	28,724	0.5	143,464	0.4
科学研究和技术服务业	61,489	1.0	137,497	0.4
农、林、牧、渔业	25,980	0.4	55,375	0.2
文化体育和娱乐业	7,928	0.1	42,696	0.1
住宿和餐饮业	18	—	19,799	0.1
其他行业	3,296	—	9,485	—
合计	**6,282,378**	**100.0**	**37,709,314**	**100.0**

（二）中国对欧盟的投资

2013年，中国对欧盟的投资流量为45.24亿美元，占流量总额的4.2%，较上年下降2.8个百分点，占对欧洲流量的76%。其中英国位居首位，流量达到14.2亿美元，同比下降48.8%，占对欧盟投资流量的31.4%；其次为卢森堡12.75亿美元，同比增长12.5%，占28.2%；德国位列第三，9.11亿美元，同比增长14%，占20.1%。

从行业分布看，流向制造业18.05亿美元，占39.9%，主要分布在英国、德国、瑞典、法国、荷兰等国家；金融业14.47亿美元，占32%，主要分布在卢森堡、英国、德国、爱尔兰、法国等；租赁和商务服务业6.76亿美元，占14.9%，主要分布在卢森堡、荷兰、英国、爱尔兰、德国等；批发和零售业3.12亿美元，占6.9%，主要分布在卢森堡、德国、英国、比利时等；采矿业1.91亿美元，占4.2%。

截至2013年末，中国对欧盟的投资存量为400.97亿美元，占存量总额的6.1%，对欧洲投资存量的75.4%。存量在10亿美元以上的国家有六个：英国、卢森堡、法国、德国、荷兰、瑞典。从行业分布看，租赁和商务服务业103.28亿美元，占25.8%，主要分布在卢森堡、英国、荷兰、德国、爱尔兰等；金融业86.31亿美元，占21.5%，主要分布在英国、卢森堡、德国、法国、意大利、匈牙利等；制造业80.27亿美元，占20%，主要分布在瑞典、英国、德国、荷兰、法国、意大利、匈牙利、奥地利、罗马尼亚等；批发和零售业41.65亿美元，占10.4%，主要分布在英国、荷兰、德国、比利时、意大利、卢森堡等；采矿业40.74亿美元，占10.2%，主要分布在法国、英国、荷兰、卢森堡等；交通运输、仓储业12.26亿美元，占3.1%，主要分布在英国、德国、比利时等；建筑业占2.4%；科学研究和技术服务业占1.9%；电力、热力、燃气及水的生产和供应业占1.8%；房地产业占0.9%。

2013年末，中国共在欧盟设立直接投资企业近2000家，已覆盖欧盟的全部28个成员国，雇用当地员工4.7万人。

表21　2013年中国对欧盟直接投资的主要行业

单位:万美元

行业	流量	比重(%)	存量	比重(%)
租赁和商务服务业	67,614	14.9	1,032,779	25.8
金融业	144,726	32.0	863,051	21.5
制造业	180,549	39.9	802,680	20.0
批发和零售业	31,189	6.9	416,495	10.4
采矿业	19,082	4.2	407,382	10.2
交通运输、仓储和邮政业	3,565	0.8	122,646	3.1
建筑业	310	0.1	97,824	2.4
科学研究和技术服务业	3,349	0.7	76,542	1.9
电力、热力、燃气及水的生产和供应业	5,527	1.2	73,828	1.8
房地产业	5,955	1.3	35,094	0.9
住宿和餐饮业	434	0.1	27,507	0.7
农、林、牧、渔业	-12,362	-2.7	23,752	0.6
教育	—	—	9,596	0.2
信息传输、软件和信息技术服务业	691	0.2	8,363	0.2
居民服务、修理和其他服务业	1,054	0.2	8,610	0.2
文化、体育和娱乐业	666	0.2	3,397	0.1
其他	1	—	115	—
合计	**452,350**	**100.0**	**4,009,661**	**100.0**

（三）中国对东盟的投资

2013年，中国对东盟十国的投资流量72.67亿美元，同比增长19.1%，占流量总额的6.7%，对亚洲投资流量的9.6%；存量为356.68亿美元，占存量总额的5.4%，亚洲地区投资存量的8%。2013年末，中国共在东盟设立直接投资企业2700多家，雇用当地员工15.97万人。

2013年，中国对东盟投资主要流向：采矿业12.34亿美元，占17%，主要分布在印度尼西亚、缅甸、老挝、新加坡等；批发和零售业12.34亿美元，占17%，主要分布在新加坡、印度尼西亚、老挝等；制造业11.89亿美元，占16.4%，主要分布在泰国、越南、印度尼西亚、柬埔寨、马来西亚、缅甸等；电力、热力、煤气燃气及水的生产和供应业8.22亿美元，占11.3%，主要分布在缅甸、印度尼西亚、老挝、新加坡、柬埔寨等；建筑业 6.98 亿美元，占 9.6%，主要分布在老挝、印度尼西亚、柬埔寨、新加坡、马来西亚等；租赁和商务服务业 6.21 亿美元，占 8.5%，主要分布在马来西亚、新加坡、越南、印度尼西亚等；农、林、牧、渔业 5.43 亿美元，占 7.5%，主要分布在老挝、印度尼西亚、柬埔寨、马来西亚等；金融业 5.42 亿美元，占 7.5%，主要分布在新加坡、印度尼西亚、泰国、老挝等。

从 2013 年中国对东盟投资存量的行业分布情况看，电力、热力、燃气及水的生产供应业 60.39 亿美元，占 16.9%，主要分布在新加坡、缅甸、柬埔寨、印度尼西亚、老挝等；采矿业 52.81 亿美元，占 14.8%，主要分布在印度尼西亚、缅甸、老挝、新加坡、泰国、菲律宾等；批发和零售业 47.63 亿美元，占 13.4%，主要分布在新加坡、越南、泰国、印度尼西亚、马来西亚等；制造业 46.73 亿美元，占 13.1%，是中国对东盟投资涉及国家最广泛的行业，其中投资额上亿美元的国家有：泰国（11.11 亿美元）、越南（10.29 亿美元）、印度尼西亚（5.56 亿美元）、柬埔寨(5.39 亿美元)、马来西亚（4.92 亿美元）、新加坡（4.3 亿美元）、老挝（3.53 亿美元）；租赁和商务服务业 39.2 亿美元，占 11%，主要分布在新加坡、马来西亚、老挝、越南、泰国等；建筑业 29.34 亿美元，占 8.2%，主要分布在柬埔寨、新加坡、老挝、马来西亚、越南、泰国等国家；金融业 28.1 亿美元，占 7.9%，主要分布在新加坡、泰国、印度尼西亚、马来西亚、菲律宾等；农、林、牧、渔业 15.97 亿美元，占 4.5%，主要分布在老挝、印度尼西亚、柬埔寨、越南、缅甸、泰国等国家；交通运输、仓储业 13.86 亿美元，占 3.9%，主要分布在新加坡、泰国；房地产业占 3.7%，主要分布在新加坡；科学研究和技术服务业占 1.5%；信息传输、软件和信息服务业占 0.4%；居民服务和其他服务业以及住宿和餐饮业各占 0.2%。

表22　2013年中国对东盟直接投资的主要行业

单位:万美元

行业	流量	比重(%)	存量	比重(%)
电力、热力、燃气及水的生产和供应业	82,211	11.3	603,915	16.9
采矿业	123,399	17.0	528,078	14.8
批发和零售业	123,445	17.0	476,315	13.4
制造业	118,858	16.4	467,252	13.1
租赁和商务服务业	62,133	8.5	391,975	11.0
建筑业	69,804	9.6	293,430	8.2
金融业	54,234	7.5	281,026	7.9
农、林、牧、渔业	54,331	7.5	159,708	4.5
交通运输、仓储和邮政业	14,571	2.0	138,554	3.9
房地产业	5,121	0.7	133,257	3.7
科学研究和技术服务业	8,181	1.1	53,897	1.5
信息传输、软件和信息服务业	1,473	0.2	13,363	0.4
居民服务、修理和其他服务业	2,045	0.3	8,421	0.2
住宿和餐饮业	5,235	0.7	8,200	0.2
文化、体育和娱乐业	—	—	1,978	0.1
教育	1,677	0.2	3,523	0.1
其他行业	—	—	3,943	0.1
合计	**726,718**	**100.0**	**3,566,835**	**100.0**

图 17 2013 年末中国对东盟十国直接投资存量情况

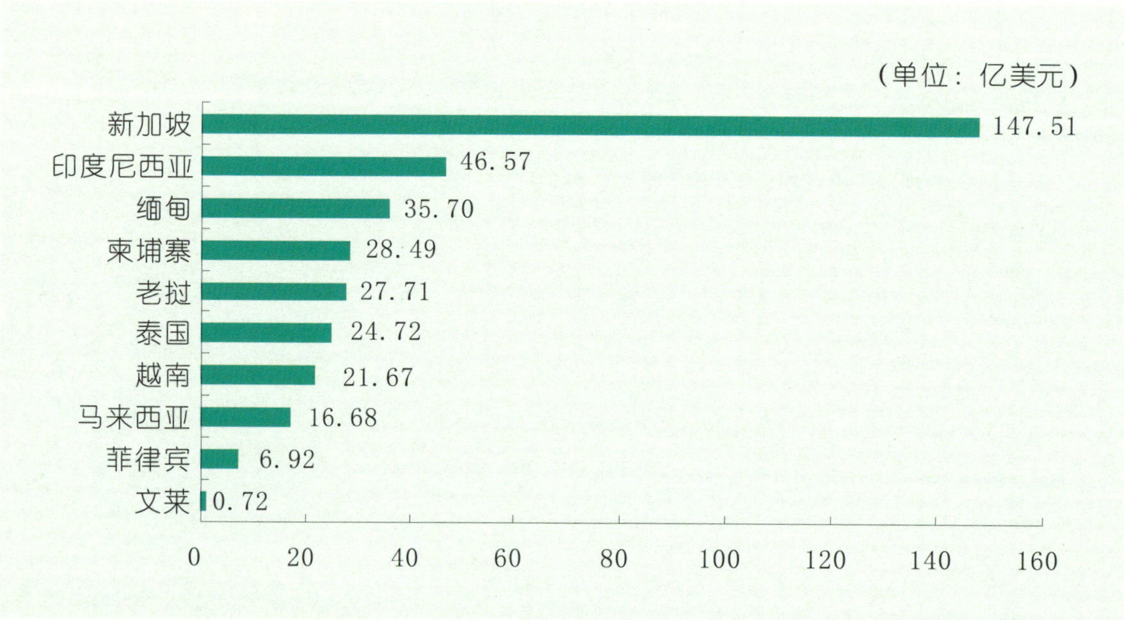

（四）中国对美国的投资

2013 年，中国对美投资流量为 38.73 亿美元，较上年下降 4.3%，占流量总额的 3.6%。2013 年末，对美投资存量为 219 亿美元，占中国对外直接投资存量的 3.3%，境外企业雇用美国当地员工 3 万人，较上年末增加 0.3 万人。

2013 年，中国对美投资领域广泛，其中投资额上亿美元的行业较上年增加 3 个，主要有：采矿业、房地产业、制造业、批发和零售业、交通运输／仓储和邮政业、租赁和商务服务业、科学研究和技术服务业、建筑业等。采矿业 15.95 亿美元，占 41.1%；房地产 9.02 亿美元，占 23.3%；制造业 8.62 亿美元，占 22.2%；批发和零售业 3.6 亿美元，占 9.3%；交通运输／仓储和邮政业 2.26 亿美元，占 5.8%；科学研究和技术服务业 1.72 亿美元，占 4.4%；租赁和商务服务业 1.58 亿美元，占 4.1%。而电力／热力／燃气及水的生产和供应业、金融业则是负流量。

从存量行业分布情况看，金融业 66.29 亿美元，占 30.3%；制造业 44.21 亿美元，占 20.2%，主要分布在交通运输设备制造业、专用设备制造业、橡胶制品制造业、通用设备制造业、医药设备制造业、有色金属冶炼和压延加工业、金属制品业、纺织业等；采矿业 31.45 亿美元，占 14.4%；批发零售业 17.5 亿美元，占 8%；房地产业 14.9 亿美元，占 6.8%；电力生产和供应业 12.5 亿美元，占 5.7%；租赁和商务服务业 8.58 亿美元，占 3.9%；交通运输／仓储和邮政业占 2.9%；科学研究和技术服务各占 2.1%；建筑业占 2%。

表23 2013年中国对美国直接投资的主要行业

单位:万美元

行业	流量	比重（%）	存量	比重（%）
金融业	-13,712	-3.5	662,946	30.3
制造业	86,218	22.2	442,146	20.2
采矿业	159,489	41.1	314,462	14.4
批发和零售业	35,978	9.3	175,012	8.0
房地产业	90,154	23.3	148,987	6.8
电力、热力、燃气及水的生产和供应业	-68,981	-17.8	125,011	5.7
租赁和商务服务业	15,782	4.1	85,796	3.9
交通运输、仓储和邮政业	22,585	5.8	62,593	2.9
科学研究和技术服务业	17,211	4.4	46,067	2.1
建筑业	11,855	3.1	43,337	2.0
居民服务、修理和其他服务业	10,046	2.6	22,285	1.0
住宿和餐饮业	1,470	0.4	14,019	0.6
水利、环境和公共设施管理业	11,383	2.9	14,054	0.6
信息传输、软件和信息技术服务业	2,629	0.7	13,556	0.6
文化、体育和娱乐业	2,343	0.6	9,187	0.4
农、林、牧、渔业	2,191	0.6	8,279	0.4
教育	668	0.2	2,185	0.1
其他行业	34	—	34	—
合计	**387,343**	**100.0**	**2,189,956**	**100.0**

（五）中国对澳大利亚的投资

2013年，中国对澳直接投资流量34.58亿美元，同比增长59.1%。主要流向：采矿业20.95亿美元，占60.6%；房地产业3.69亿美元，占10.7%；租赁和商务服务业3.49亿美元，占10.1%；批发零售业2.76亿美元，占8%；金融业占2.5%；电力、热力、燃气及水的生产和供应业占2.4%；制造业占2.3%；农、林、牧、渔业占2.2%。

2013年末，中国对澳大利亚投资存量为174.5亿美元，占中国对外直接投资存量的2.6%，对大洋洲地区投资存量的91.8%；共在澳大利亚设立近600家境外企业，雇用当地员工7000多人。存量主要行业分布情况：采矿业113.9亿美元，占65.3%；房地产业19.02亿美元，占10.9%；金融业11.11亿美元，占6.4%；租赁和商务服务业7.5亿美元，占4.3%；批发和零售业占3.8%；制造业占3.6%；农、林、牧、渔业占1.6%。

表24 2013年中国对澳大利亚直接投资的主要行业

单位:万美元

行业	流量	比重（%）	存量	比重（%）
采矿业	209,530	60.6	1,139,014	65.3
房地产业	36,940	10.7	190,164	10.9
金融业	8,767	2.5	111,070	6.4
租赁和商务服务业	34,924	10.1	75,012	4.3
批发和零售业	27,644	8.0	65,678	3.8
制造业	7,855	2.3	62,292	3.6
农、林、牧、渔业	7,594	2.2	28,307	1.6
电力、热力、燃气及水的生产和供应业	8,267	2.4	23,942	1.4
居民服务、修理和其他服务业	2,036	0.6	14,244	0.8
建筑业	1,059	0.3	13,241	0.7
科学研究和技术服务业	111	—	10,102	0.6
交通运输、仓储和邮政业	559	0.2	6,635	0.4
教育	—	—	2,865	0.1
住宿和餐饮业	420	0.1	2,220	0.1
其他行业	92	—	182	—
合计	**345,798**	**100.0**	**1,744,968**	**100.0**

（六）中国对俄罗斯的投资

2013年，中国对俄的投资流量10.22亿美元，同比增长30.2%，占中国对外直接投资流量的0.9%，对欧洲地区投资的17.2%。从行业分布情况看，投资主要集中在农／林／牧／渔业（39.2%）、采矿业(22.2%)、制造业（16.2%）、金融业（14.2%）、批发和零售业（4.2%）等。

2013年末，中国对俄罗斯的投资存量为75.82亿美元，占中国外直接投资存量的1.1%，对欧洲地区投资存量的14.3%；在俄罗斯共设立境外企业超过千家，雇用当地雇员1.5万人。从存量的主要行业分布情况看，制造业26.63亿美元，占35.1%；农／林／牧／渔业16.82亿美元，占22.2%；租赁和商务服务业8.67亿美元，占11.4%；采矿业8.08亿美元，占10.7%；房地产业5.52亿美元，占7.3%；建筑业占5%；批发和零售业占3.6%；金融业占3.5%。

表25　2013年中国对俄罗斯直接投资的主要行业

单位:万美元

行业	流量	比重(%)	存量	比重(%)
制造业	16,525	16.2	266,266	35.1
农、林、牧、渔业	40,042	39.2	168,249	22.2
租赁和商务服务业	1,383	1.3	86,698	11.4
采矿业	22,698	22.2	80,806	10.7
房地产业	362	0.4	55,245	7.3
建筑业	2,049	2.0	38,134	5.0
批发和零售业	4,257	4.2	27,077	3.6
金融业	14,474	14.2	26,754	3.5
信息传输、软件和信息技术服务业	86	0.1	1,481	0.2
交通运输、仓储和邮政业	150	0.1	2,209	0.3
居民服务、修理和其他服务业	100	0.1	3,646	0.5
科学研究和技术服务业	90	—	800	0.1
其他行业	9	—	796	0.1
合计	**102,225**	**100.0**	**758,161**	**100.0**

四、中国对外直接投资者的构成

2013年末，中国对外直接投资者达到了1.53万家，从境内投资者在中国工商行政管理部门登记注册情况看，境内投资者为有限责任公司的占66.1%，较上年提高3.6个百分点，是中国进行对外投资最为活跃的群体；私营企业占8.4%，首次超过国有企业位列第二；国有企业占8%，较上年下降1.1个百分点，股份有限公司占7.1%，股份合作企业占3.1%；外商投资企业占3%，港、澳、台商投资企业占2%，个体经营占0.7%；集体企业占0.6%，其他占1%。

图18　2013年末境内投资者按登记注册类型构成

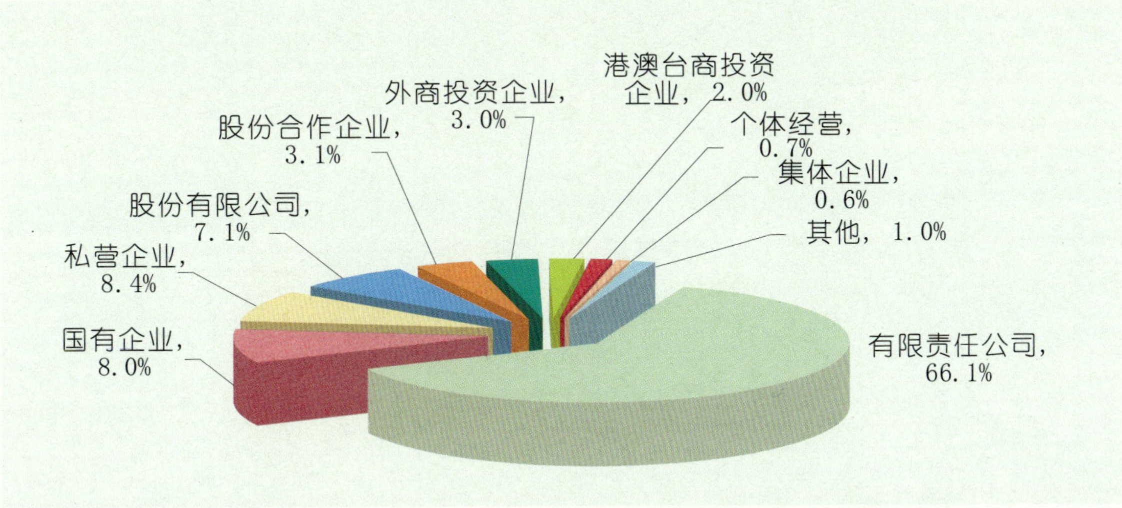

表26　2013年末境内投资者按登记注册类型分类情况

工商登记注册类型	家数(家)	比重（%）
有限责任公司	10,116	66.1
私营企业	1,282	8.4
国有企业	1,232	8.0
股份有限公司	1,081	7.1
股份合作企业	469	3.1
外商投资企业	454	3.0
港、澳、台商投资企业	311	2.0
个体经营	106	0.7
集体企业	92	0.6
其他	157	1.0
合计	**15,300**	**100.0**

在非金融类对外直接投资者中，中央企业及单位仅占3.5%，各省区市的投资者占96.5%。境内投资者数量前十位的省区市依次为：广东、浙江、江苏、上海、山东、福建、辽宁、湖南、黑龙江、北京，共占到境内投资者总数的77.5%。广东省境内投资者数量最多，超过3000家，占19.8%；其次为浙江省占14.6%；江苏省位列第三，占10.9%。超过半数的私营企业投资者来自广东、浙江、江苏三省。

从境内投资者的行业分布看，批发和零售业、制造业共计1.1万家，占到境内投资者总数的七成，

图19　2013年末境内投资者行业构成情况

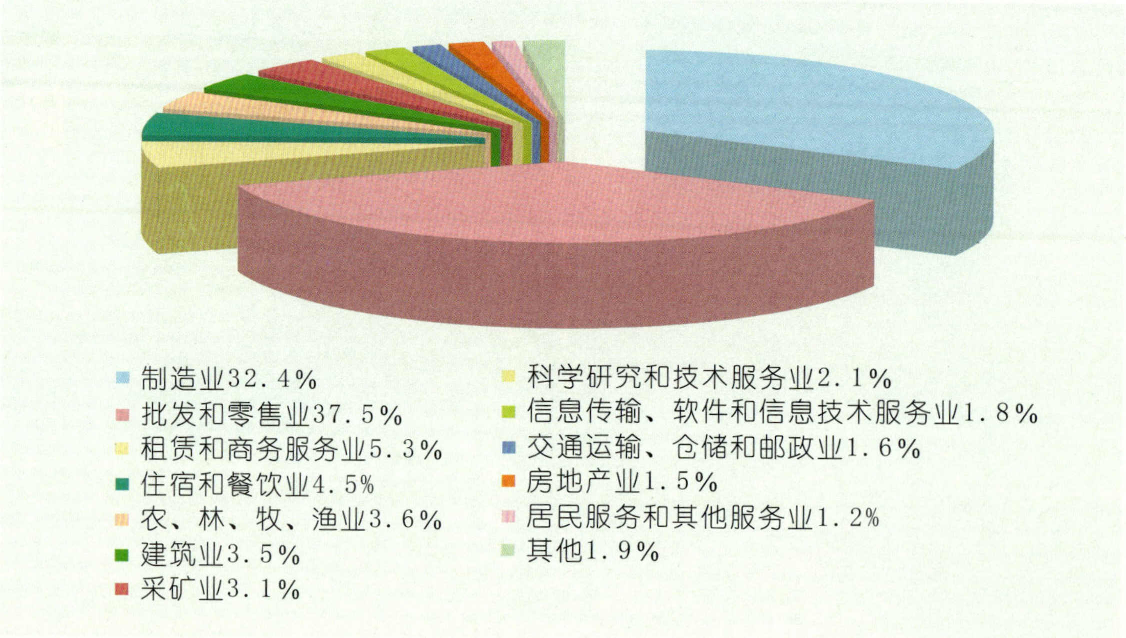

其中：批发和零售业位列首位，占境内投资者的37.5%；其次为制造业占32.4%，主要分布在计算机及其他电子设备制造业、纺织服装／装饰业、纺织业、专用设备制造业、电器机械及器材制造业、金属制品业、化学原料及化学制品制造业、通信设备制造业、医药制造业、汽车制造业等。另外，租赁和商务服务业占5.3%；住宿和餐饮业占4.5%；农／林／牧／渔业占3.6%；建筑业占3.5%；采矿业占3.1%。

表27　2013年末中国境内投资者行业构成情况

行业	数量(家)	比重(%)
批发和零售业	5,744	37.5
制造业	4,952	32.4
租赁和商务服务业	815	5.3
住宿和餐饮业	687	4.5
农、林、牧、渔业	551	3.6
建筑业	529	3.5
采矿业	465	3.1
科学研究和技术服务业	317	2.1
信息传输、软件和信息技术服务业	280	1.8
交通运输、仓储和邮政业	245	1.6
房地产业	232	1.5
居民服务、修理和其他服务业	180	1.2
电力、热力、燃气及水的生产和供应业	128	0.8
文化、体育和娱乐业	81	0.5
其他	94	0.6
合计	**15,300**	**100.0**

五、中国对外直接投资企业的地区和行业分布

2013年底，中国2.54万家对外直接投资企业（简称境外企业）分布在全球184个国家和地区，较上年末增加3500多家。中国境外企业主要呈以下特点：

（一）遍布范围广

表28 2013年末中国对外直接投资企业在全球的地区分布

单位:个

洲别	2013年末国家（地区）总数	中国境外企业覆盖的国家（地区）数量	投资覆盖率（%）
亚洲	48	46	97.9
欧洲	49	42	85.7
非洲	60	52	86.7
北美洲	4	3	75.0
拉丁美洲	48	29	60.4
大洋洲	24	12	50.0
合计	**233**	**184**	**79.0**

注：亚洲国家地区数量包括中国，比重计算基数未包括。

2013年末，中国企业共在全球184个国家和地区设立了境外企业，覆盖率为79%，其中：亚洲地区的境外企业覆盖率高达97.9%，欧洲为85.7%，非洲为86.7%。

图20 2013年末中国境外企业在世界各地区覆盖比率

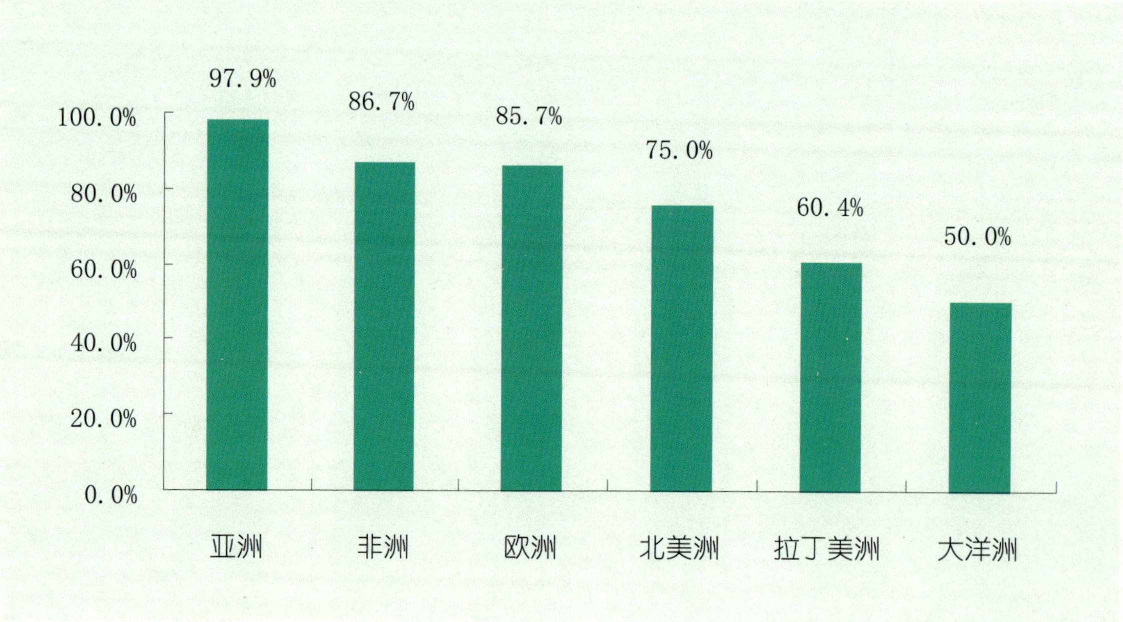

表29　2013年末中国境外企业未涉及的国家(地区)

单位:个

洲别	数量	国家(地区)名称
亚洲	1	不丹
非洲	8	加那利群岛、塞卜泰、留尼汪、索马里、梅利利亚、斯威士兰、马约特、西撒哈拉
欧洲	7	安道尔、直布罗陀、冰岛、摩纳哥、梵蒂冈城国、法罗群岛、圣马力诺
拉丁美洲	19	阿鲁巴、博内尔、库腊群岛、法属圭亚那、瓜得罗普、危地马拉、海地、洪都拉斯、马提尼克、蒙特塞拉特、波多黎各、萨巴、圣卢西亚、圣马丁岛、萨尔瓦多、特克斯和凯科斯群岛、圣其茨和尼维斯、圣皮埃尔和密克隆、荷属安地列斯。
北美洲	1	格陵兰
大洋洲	12	盖比群岛、马克萨斯群岛、瑙鲁、新喀里多尼亚、诺福克岛、社会群岛、所罗门群岛、土阿莫土群岛、土布艾群岛、图瓦卢、法属波利尼西亚、瓦利斯和浮图纳
合计	**48**	

（二）地域相对集中

中国在亚洲地区设立的境外企业数量近 1.4 万家，占 55.6%, 主要分布在中国香港、越南、日本、新加坡、阿拉伯联合酋长国、印度尼西亚、韩国、泰国、柬埔寨、蒙古。在中国香港地区设立的境外企业 7000 多家，占境外企业总数的 28.2%，是中国设立境外企业数量最多、投资最活跃的地区。

在欧洲地区设立的境外企业超过 3000 家，占 12.3%, 主要分布在俄罗斯、德国、英国、荷兰、法国、意大利等国家。

在北美洲地区设立的境外企业数量 3000 多家，占 12.1%，主要分布在美国、加拿大。中国企业在美国设立的境外企业数量仅次于中国香港。

在非洲地区设立的境外企业数量近 3000 家，占 11.6%, 主要分布在尼日利亚、赞比亚、南非、埃塞俄比亚、加纳、坦桑尼亚、肯尼亚、苏丹、安哥拉、埃及等。

在拉丁美洲设立的境外企业数量 1000 多家，占 5.3%, 主要分布在英属维尔京群岛、巴西、开曼群岛、墨西哥、秘鲁、智利、阿根廷等。

在大洋洲地区设立的境外企业近 800 家，占 3.1%。主要分布在澳大利亚、新西兰、巴布亚新几内亚、斐济、萨摩亚。

表30 2013年末中国境外企业地区构成情况

洲别	境外企业数量(家)	比重(%)
亚洲	14,131	55.6
欧洲	3,133	12.3
北美洲	3,073	12.1
非洲	2,955	11.6
拉丁美洲	1,331	5.3
大洋洲	790	3.1
合计	**25,413**	**100.0**

2013年末，中国设立境外企业数量前20的国家地区是：中国香港、美国、俄罗斯、越南、日本、澳大利亚、德国、新加坡、老挝、阿拉伯联合酋长国、加拿大、印度尼西亚、英属维尔京、韩国、泰国、柬埔寨、蒙古、英国、印度、尼日利亚，累计超过1.8万家，占中国在国（境）外设立企业总数的70.6%。

图21 2013年末中国境外企业地区分布

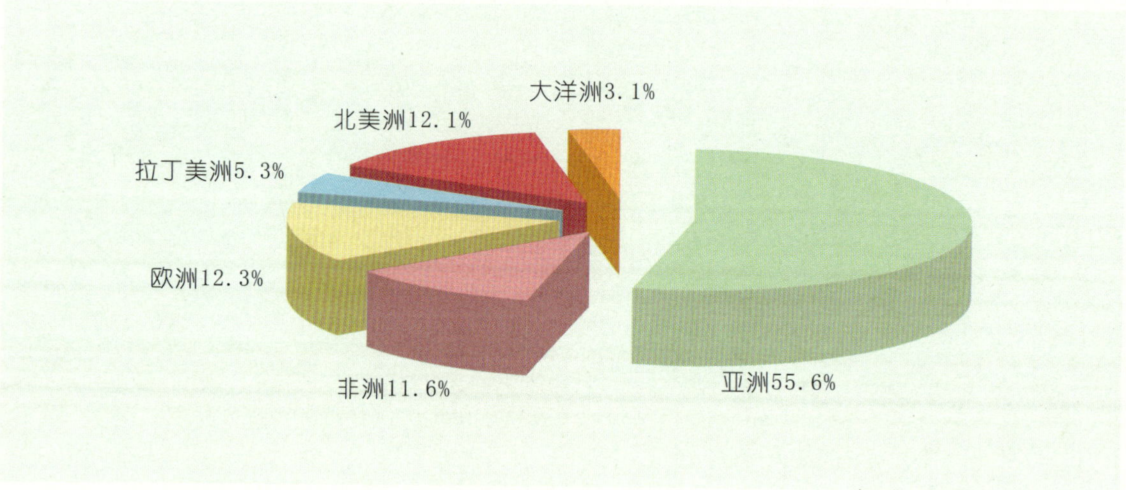

（三）行业门类齐全

从境外企业分布的主要行业情况看，批发和零售业、制造业的境外企业数量均超过5000家，分别占到境外企业总数的29.2%和22.1%。此外，租赁和商务服务业占13.2%，建筑业占7.6%，采矿业占5.5%，农、林、牧、渔业占4.5%；科学研究、技术服务业占4.2%；交通运输、仓储和邮政业占3%；居民服务、修理和其他服务业占2.5%；信息传输、软件和信息技术服务业占2.3%，房地产业占1.5%。

表31 2013年末境外企业的行业分布情况

行业大类名称	境外企业数量（家）	比重（%）
批发和零售业	7,421	29.2
制造业	5,630	22.1
租赁和商务服务业	3,353	13.2
建筑业	1,938	7.6
采矿业	1,397	5.5
农、林、牧、渔业	1,157	4.5
科学研究和技术服务业	1,062	4.2
交通运输、仓储和邮政业	776	3.0
居民服务、修理和其他服务业	649	2.5
信息传输、软件和信息技术服务业	586	2.3
房地产业	393	1.5
电力、热力、燃气及水的生产和供应业	287	1.3
金融业	246	1.0
住宿和餐饮业	242	1.0
文化体育和娱乐业	197	0.8
水利、环境和公共设施管理业	38	0.1
卫生和社会工作	21	0.1
教育	20	0.1
合计	**25,413**	**100.0**

（四）境外子公司占比大

从中国境外企业的设立方式看，子公司占86.4%，分支机构占9.1%，累计占到境外企业数量的95.5%，联营公司仅占4.5%。

（五）地方占到境外企业数量的八成

从设立境外企业数量看，地方企业占82.3%，中央企业和单位仅占17.7%。广东、浙江、江苏、山东、上海、辽宁、福建、北京、湖南、天津位列地方境外企业数量前10位，累计占境外企业总数的63.4%。广东省是中国拥有境外企业数量最多的省份，占境外企业总数的15.6%；其次为浙江省，占12.5%；江苏省位列第三，占9%。

图 22 2013 年末中国主要省市区设立境外直接投资企业情况

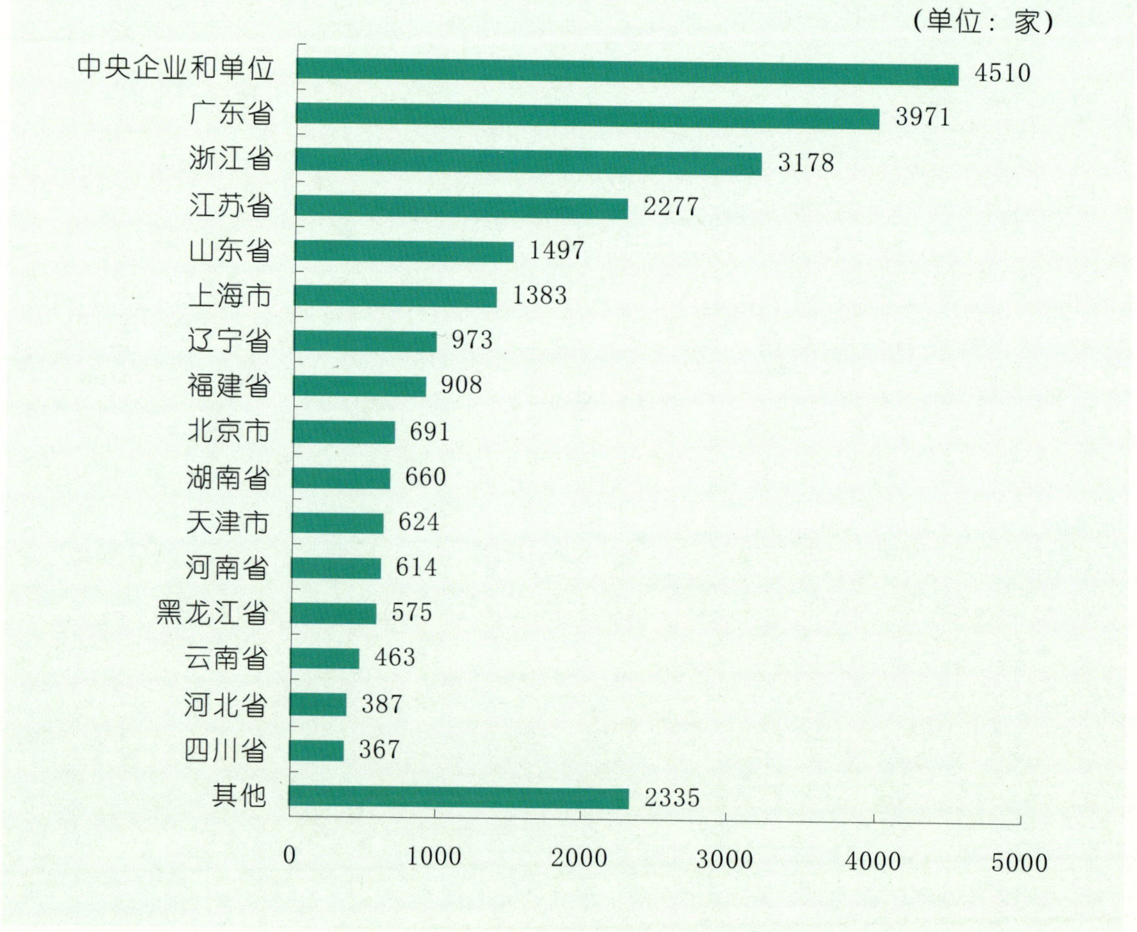

六、附 表

附表1 2005-2013各年中国对外直接投资流量情况(分国家地区)

单位：万美元

国家(地区)	2005年	2006年	2007年	2008年	2009年	2010年	2011年	2012年	2013年
合计	**1,226,117**	**1,763,397**	**2,650,609**	**5,590,717**	**5,652,899**	**6,881,131**	**7,465,404**	**8,780,353**	**10,784,371**
亚洲	**448,417**	**766,325**	**1,659,315**	**4,354,750**	**4,040,759**	**4,489,046**	**4,549,445**	**6,478,494**	**7,560,426**
阿富汗	--	25	10	11,391	1,639	191	29,554	1,761	-122
阿拉伯联合酋长国	2,605	2,812	4,915	12,738	8,890	34,883	31,458	10,511	29,458
阿曼	522	2,668	259	-2,295	-624	1,103	951	337	-74
巴基斯坦	434	-6,207	91,063	26,537	7,675	33,135	33,328	8,893	16,357
巴勒斯坦	--	--	--	--	--	--	--	2	2
巴林	7	-192	--	12	--	--	--	508	-534
朝鲜	650	1,106	1,840	4,123	586	1,214	5,595	10,946	8,620
东帝汶	--	--	--	--	--	--	--	--	160
菲律宾	451	930	450	3,369	4,024	24,409	26,719	7,490	5,440
哈萨克斯坦	9,493	4,600	27,992	49,643	6,681	3,606	58,160	299,599	81,149
韩国	58,882	2,732	5,667	9,691	26,512	-72,168	34,172	94,240	26,875
吉尔吉斯斯坦	1,374	2,764	1,499	706	13,691	8,247	14,507	16,140	20,339
柬埔寨	515	981	6,445	20,464	21,583	46,651	56,602	55,966	49,933
卡塔尔	--	352	981	1,000	-374	1,114	3,859	8,446	8,747
科威特	--	406	-625	244	292	2,286	4,200	-1,188	-59
老挝	2,058	4,804	15,435	8,700	20,324	31,355	45,852	80,882	78,148
黎巴嫩	--	--	--	--	--	42	--	--	68
马尔代夫	--	--	--	--	--	--	--	--	155
马来西亚	5,672	751	-3,282	3,443	5,378	16,354	9,513	19,904	61,638
蒙古	5,234	8,239	19,627	23,861	27,654	19,386	45,104	90,403	38,879
孟加拉国	18	531	364	450	1,075	724	1,032	3,303	4,137
缅甸	1,154	1,264	9,231	23,253	37,670	87,561	21,782	74,896	47,533
尼泊尔	135	32	99	1	118	86	858	765	3,697
日本	1,717	3,949	3,903	5,862	8,410	33,799	14,942	21,065	43,405
塞浦路斯	--	--	30	--	--	--	8,954	348	7,634
沙特阿拉伯	2,145	11,720	11,796	8,839	9,023	3,648	12,256	15,367	47,882
斯里兰卡	3	25	-152	904	-140	2,821	8,123	1,675	7,177
塔吉克斯坦	77	698	6,793	2,658	1,667	1,542	2,210	23,411	7,233
台湾省	--	-3	-5	-6	4	1,735	1,108	11,288	17,667

附表1 续1

单位：万美元

国家(地区)	2005年	2006年	2007年	2008年	2009年	2010年	2011年	2012年	2013年
泰国	477	1,584	7,641	4,547	4,977	69,987	23,011	47,860	75,519
土耳其	24	115	161	910	29,326	782	1,350	10,895	17,855
土库曼斯坦	--	-4	126	8,671	11,968	45,051	-38,304	1,234	-3,243
文莱	150	--	118	182	581	1,653	2,011	99	852
乌兹别克斯坦	9	107	1,315	3,937	493	-463	8,825	-2,679	4,417
新加坡	2,033	13,215	39,773	155,095	141,425	111,850	326,896	151,875	203,267
叙利亚	20	13	-1,126	-117	343	812	-208	-607	-805
也门共和国	3,516	761	4,347	1,881	164	3,149	-912	1,407	33,125
伊拉克	--	35	36	-166	179	4,814	12,244	14,840	2,002
伊朗	1,160	6,578	1,142	-3,453	12,483	51,100	61,556	70,214	74,527
以色列	600	100	222	-100	--	1,050	201	1,158	189
印度	1,116	561	2,202	10,188	-2,488	4,761	18,008	27,681	14,857
印度尼西亚	1,184	5,694	9,909	17,398	22,609	20,131	59,219	136,129	156,338
约旦	101	-618	60	-163	11	7	18	983	77
越南	2,077	4,352	11,088	11,984	11,239	30,513	18,919	34,943	48,050
中国澳门	834	-4,251	4,731	64,338	45,634	9,604	20,288	1,660	39,477
中国香港	341,970	693,096	1,373,235	3,864,030	3,560,057	3,850,521	3,565,484	5,123,844	6,282,378
非洲	**39,168**	**51,986**	**157,431**	**549,055**	**143,887**	**211,199**	**317,314**	**251,666**	**337,064**
阿尔及利亚	8,487	9,893	14,592	4,225	22,876	18,600	11,434	24,588	19,130
埃及	1,331	885	2,498	1,457	13,386	5,165	6,645	11,941	2,322
埃塞俄比亚	493	2,395	1,328	971	7,429	5,853	7,230	12,156	10,246
安哥拉	47	2,239	4,119	-957	831	10,111	7,272	39,208	22,405
贝宁	131	--	632	1,456	9	176	75	506	844
博茨瓦纳	369	276	187	1,406	1,844	4,385	2,186	2,110	1,019
布基纳法索	--	--	--	--	--	--	--	--	434
布隆迪	--	--	--	--	69	--	--	150	109
赤道几内亚	635	1,019	1,282	-486	2,088	2,208	1,247	13,884	2,241
多哥	31	458	270	420	891	1,177	904	2,059	2,359
厄立特里亚	--	1	45	-49	23	294	330	196	90
佛得角	32	23	9	48	--	-46	--	--	13
冈比亚	--	--	--	--	--	--	--	--	--
刚果(布)	811	1,324	250	979	2,807	3,438	681	9,880	10,994
刚果(金)	507	3,673	5,727	2,399	22,716	23,619	7,518	34,417	12,127
吉布提	--	--	100	--	340	423	566	--	200
几内亚	1,634	75	1,320	832	2,698	974	2,455	6,444	10,013
加纳	257	50	185	1,099	4,935	5,598	4,007	20,849	12,251
加蓬	208	553	331	3,205	1,188	2,344	193	3,069	3,210
津巴布韦	147	342	1,257	-72	1,124	3,380	44,003	28,747	51,753
喀麦隆	19	73	205	169	82	1,488	187	1,765	5,720

附表1　续2

单位：万美元

国家（地区）	2005年	2006年	2007年	2008年	2009年	2010年	2011年	2012年	2013年
科摩罗	--	--	--	--	--	-1	--	50	--
科特迪瓦	874	-291	174	-702	151	-502	87	361	-479
肯尼亚	205	18	890	2,323	2,812	10,122	6,817	7,873	23,054
莱索托	60	--	--	62	10	56	3	21	--
利比里亚	865	-703	--	256	112	2,989	2,109	1,200	3,034
利比亚	25	-851	4,226	1,054	-3,855	-1,050	4,788	-668	45
卢旺达	142	299	-41	1,288	862	1,272	969	502	-594
马达加斯加	14	117	1,324	6,116	4,256	3,358	2,310	843	1,551
马拉维	--	--	20	544	--	986	120	1,033	825
马里	--	260	672	-128	799	305	4,758	4,442	10,801
毛里求斯	204	1,659	1,558	3,444	1,412	2,201	41,946	5,783	6,107
毛里塔尼亚	36	478	-498	-65	653	577	1,969	3,087	1,527
摩洛哥	85	178	264	688	1,642	175	911	105	774
莫桑比克	288	--	1,003	585	1,585	28	2,026	23,052	13,189
纳米比亚	18	85	91	759	1,162	551	504	2,512	705
南非	4,747	4,074	45,441	480,786	4,159	41,117	-1,417	-81,491	-8,919
南苏丹	--	--	--	--	--	--	5	780	1,149
尼日尔	576	794	10,083	-1	3,987	19,625	5,163	-19,594	11,654
尼日利亚	5,330	6,779	39,035	16,256	17,186	18,489	19,742	33,305	20,913
塞拉利昂	49	371	285	1,142	90	--	1,075	769	4,003
塞内加尔	--	--	24	360	1,104	1,896	19	447	1,044
塞舌尔	5	6	9	5	36	1,228	434	5,340	1,769
圣多美和普林西比	--	--	--	--	--	2	--	7	--
苏丹	9,113	5,079	6,540	-6,314	1,930	3,096	91,186	-169	14,091
坦桑尼亚	96	1,254	-382	1,822	2,158	2,572	5,312	11,970	15,064
突尼斯	--	173	-34	--	-130	-29	376	-65	706
乌干达	17	23	401	-670	129	2,650	991	979	6,060
赞比亚	1,009	8,744	11,934	21,397	11,180	7,505	29,178	29,155	29,286
乍得	271	161	75	947	5,121	213	-1,248	8,068	12,095
中非	--	--	--	--	--	2,581	248	--	130
欧洲	**39,549**	**59,771**	**154,043**	**87,579**	**335,272**	**676,019**	**825,108**	**703,509**	**594,853**
阿尔巴尼亚	--	1	--	--	--	8	--		56
阿塞拜疆	--	394	-115	-66	173	37	1,768	34	-443
爱尔兰	--	2,529	20	4,233	-95	3,288	1,693	4,888	11,702
奥地利	--	4	8	--	--	46	2,022	5,343	15
白俄罗斯	--	--	--	210	210	1,922	867	4,350	2,718
保加利亚	172	--	--	--	-243	1,629	5,390	5,417	2,069

附表1 续3

单位：万美元

国家（地区）	2005年	2006年	2007年	2008年	2009年	2010年	2011年	2012年	2013年
比利时	--	13	491	--	2,362	4,533	3,590	9,840	2,578
冰岛	--	--	--	--	--	-5	--	--	--
波兰	13	--	1,175	1,070	1,037	1,674	4,866	750	1,834
波斯尼亚和黑塞哥维纳	--	--	--	--	151	6	4	6	--
丹麦	1,079	-5,891	27	133	264	161	589	514	2,739
德国	12,874	7,672	23,866	18,341	17,921	41,235	51,238	79,933	91,081
俄罗斯联邦	20,333	45,211	47,761	39,523	34,822	56,772	71,581	78,462	102,225
法国	609	560	962	3,105	4,519	2,641	348,232	15,393	26,044
芬兰	--	--	1	266	111	1,804	156	136	852
格鲁吉亚	--	994	821	1,000	778	4,057	80	6,874	10,962
荷兰	384	531	10,675	9,197	10,145	6,453	16,786	44,245	23,842
捷克	--	910	497	1,279	1,560	211	884	1,802	1,784
克罗地亚	--	--	120	--	26	3	5	5	--
拉脱维亚	--	--	-174	--	-3	--	--	--	--
立陶宛	--	--	--	--	--	--	--	100	551
列支敦士登	--	--	28	--	7	355	--	--	--
卢森堡	--	--	419	4,213	227,049	320,719	126,500	113,301	127,521
罗马尼亚	287	963	680	1,198	529	1,084	30	2,541	217
马耳他	--	10	-10	47	22	-237	27	--	12
马其顿共和国	--	--	--	--	--	--	--	6	--
挪威	--	14	360	9	360	13,473	1,857	849	19,629
葡萄牙	--	--	--	--	--	--	--	515	1,494
瑞典	100	530	6,806	1,066	810	136,723	4,901	28,522	17,082
瑞士	59	101	121	1	2,099	2,725	1,719	864	12,826
塞尔维亚	--	--	--	--	--	210	21	210	1,150
斯洛伐克	--	--	--	--	26	46	594	219	33
乌克兰	203	183	565	241	3	150	77	207	1,014
西班牙	147	730	609	116	5,986	2,926	13,974	4,624	-14,575
希腊	--	--	3	12	--	--	43	88	190
匈牙利	65	37	863	215	821	37,010	1,161	4,140	2,567
意大利	746	763	810	500	4,605	1,327	22,483	11,858	3,126
英国	2,478	3,512	56,654	1,671	19,217	33,033	141,970	277,473	141,958
拉丁美洲	**646,616**	**846,874**	**490,241**	**367,725**	**732,790**	**1,053,827**	**1,193,582**	**616,974**	**1,435,895**
阿根廷	35	622	13,669	1,082	-2,282	2,723	18,515	74,325	22,141
安提瓜和巴布达	--	--	--	--	--	--	101	--	--
巴巴多斯	--	185	41	82	87	-211	--	81	92
巴哈马	2,295	272	3,899	-5,591	100	--	--	--	--
巴拉圭	--	--	--	300	647	2,783	557	142	18
巴拿马	836	--	833	652	1,369	2,606	116	72	18,768
巴西	1,509	1,009	5,113	2,238	11,627	48,746	12,640	19,410	31,093

附表1 续4

单位：万美元

国家(地区)	2005年	2006年	2007年	2008年	2009年	2010年	2011年	2012年	2013年
玻利维亚	8	1,800	197	414	1,801	306	867	4,321	1,440
伯利兹	--	--	--	6	--	-8	--	--	35
多米尼加	--	--	--	6	6	--	--	--	--
多米尼克	--	--	--	--	--	--	50	--	30
厄瓜多尔	907	246	358	-942	1,790	2,206	-3,506	31,139	47,060
哥伦比亚	96	-336	22	676	574	694	3,325	8,351	1,793
哥斯达黎加	--	--	--	--	--	8	1	--	117
格林纳达	--	--	--	12	--	--		--	--
古巴	158	3,037	658	556	1,293	-1,635	7,671	-557	-2,437
圭亚那	--	--	6,000	--	--	2,837	20	9,884	3,500
洪都拉斯	--	--	-438	-90	--	--	--	--	--
开曼群岛	516,275	783,272	260,159	152,401	536,630	349,613	493,646	82,743	925,340
秘鲁	55	540	671	2,455	5,849	13,903	21,425	-4,937	11,460
墨西哥	355	-369	1,716	563	82	2,673	4,154	10,042	4,973
尼加拉瓜	--	--	--	--	--	--	--	--	217
圣文森特和格林纳丁斯	282	291	588	946	-946	905	--	--	--
苏里南	277	--	1,757	242	110	635	--	-3,323	2,900
特立尼达和多巴哥	--	--	--	--	--	--	10	19	23
委内瑞拉	740	1,836	6,953	978	11,572	9,439	8,177	154,176	42,556
乌拉圭	--	--	48	--	498	36	36	950	967
牙买加	--	--	--	214	--	221	3,545	3,586	474
英属维尔京群岛	122,608	53,811	187,614	210,433	161,205	611,976	620,833	223,928	322,156
智利	180	658	383	93	778	3,371	1,399	2,622	1,179
北美洲	**32,084**	**25,805**	**112,571**	**36,421**	**152,193**	**262,144**	**248,132**	**488,200**	**490,101**
百慕大群岛	5,658	2,494	-10,259	-10,484	6	17,086	11,583	3,899	1,893
加拿大	3,244	3,477	103,257	703	61,313	114,229	55,407	79,516	100,865
美国	23,182	19,834	19,573	46,203	90,874	130,829	181,142	404,785	387,343
大洋洲	**20,283**	**12,636**	**77,008**	**195,187**	**247,998**	**188,896**	**331,823**	**241,510**	**366,032**
澳大利亚	19,307	8,760	53,159	189,215	243,643	170,170	316,529	217,298	345,798
巴布亚新几内亚	588	2,862	19,681	2,992	480	533	1,665	2,569	4,302
斐济	25	465	249	797	240	557	1,963	6,832	5,832
库克群岛	--	--	--	--	--	--	--	12	17
马绍尔群岛共和国	--	200	3,416	800	2,670	1,318	-2,743	--	-1,210
密克罗尼西亚联邦	16	--	625	-16	--	--	-289	341	46
帕劳共和国	--	--	50	752	--	50	57	--	--
萨摩亚	--	--	-12	--	63	9,893	11,773	4,759	-7,793
瓦努阿图	--	--	--	--	--	--	79	293	--
新西兰	347	349	-160	646	902	6,375	2,789	9,406	19,040

注：2005、2006各年流量为非金融类直接投资流量。

附表2 2005-2013各年末中国对外直接投资存量情况(分国家地区)

单位：万美元

国家(地区)	2005年	2006年	2007年	2008年	2009年	2010年	2011年	2012年	2013年
合计	**5,720,562**	**7,502,555**	**11,791,050**	**18,397,071**	**24,575,538**	**31,721,059**	**42,478,067**	**53,194,058**	**66,047,840**
亚洲	**4,095,431**	**4,797,804**	**7,921,793**	**13,131,699**	**18,554,720**	**22,814,597**	**30,343,470**	**36,440,706**	**44,740,828**
阿富汗	45	67	77	11,469	18,132	16,859	46,513	48,274	48,742
阿拉伯联合酋长国	14,453	14,463	23,431	37,599	44,029	76,429	117,450	133,678	151,457
阿曼*	653	3,387	3,717	1,422	797	2,111	2,938	3,335	17,473
巴基斯坦	18,881	14,824	106,819	132,799	145,809	182,801	216,299	223,361	234,309
巴勒斯坦	--	--	--	--	--	--	--	2	4
巴林	199	27	75	87	87	87	102	680	146
朝鲜	3,104	4,555	6,713	11,863	26,152	24,010	31,261	42,236	58,551
东帝汶	10	45	45	45	745	745	745	745	905
菲律宾	1,935	2,185	4,304	8,673	14,259	38,734	49,427	59,314	69,238
哈萨克斯坦	24,524	27,624	60,993	140,230	151,621	159,054	285,845	625,139	695,669
韩国*	88,222	94,924	121,414	85,034	121,780	63,725	158,268	308,190	196,308
吉尔吉斯斯坦*	4,506	12,476	13,975	14,681	28,372	39,432	52,505	66,219	88,582
柬埔寨	7,684	10,366	16,811	39,066	63,326	112,977	175,744	231,768	284,857
卡塔尔	270	848	3,979	4,979	3,628	7,705	13,018	22,066	25,402
科威特	123	631	51	296	588	5,087	9,286	8,284	8,939
老挝	3,287	9,607	30,222	30,519	53,567	84,575	127,620	192,784	277,092
黎巴嫩	17	44	44	44	157	201	201	301	369
马尔代夫	--	--	--	--	--	--	--	--	165
马来西亚	18,683	19,696	27,463	36,120	47,989	70,880	79,762	102,613	166,818
蒙古	13,063	31,467	59,217	89,556	124,166	143,552	188,662	295,403	335,396
孟加拉国	3,296	3,966	4,330	4,814	6,030	6,758	7,668	11,725	15,868
缅甸	2,359	16,312	26,177	49,971	92,988	194,675	218,152	309,372	356,968
尼泊尔	299	359	866	867	1,413	1,594	2,480	3,358	7,531
日本*	15,070	22,398	55,827	50,969	69,286	110,563	136,622	161,991	189,824
塞浦路斯	106	106	136	136	136	136	9,090	9,495	17,126
沙特阿拉伯	5,845	27,284	40,403	62,068	71,089	76,056	88,314	120,586	174,706
斯里兰卡	1,543	846	774	1,678	1,581	7,274	16,258	17,858	29,265
塔吉克斯坦	2,279	3,028	9,899	22,717	16,279	19,163	21,674	47,612	59,941
台湾省	--	20	15	9	13	1,819	2,935	13,532	34,927

附表2 续1

单位：万美元

国家（地区）	2005年	2006年	2007年	2008年	2009年	2010年	2011年	2012年	2013年
泰国*	21,918	23,267	37,862	43,716	44,788	108,000	130,726	212,693	247,243
土耳其*	423	1,038	1,199	2,236	38,617	40,363	40,648	50,251	64,231
土库曼斯坦	20	16	142	8,813	20,797	65,848	27,648	28,777	25,323
文莱	190	190	438	651	1,737	4,566	6,613	6,635	7,212
乌兹别克斯坦	1,198	1,497	3,082	7,764	8,522	8,300	15,647	14,618	19,782
新加坡	32,548	46,801	144,393	333,477	485,732	606,910	1,060,269	1,238,333	1,475,070
叙利亚	376	1,681	555	438	849	1,661	1,483	1,446	641
也门共和国	7,777	6,376	10,723	14,054	14,930	18,466	19,145	22,130	54,911
伊拉克*	43,487	43,618	2,245	2,079	2,258	48,345	60,591	75,432	31,706
伊朗	5,608	11,059	12,235	9,427	21,780	71,516	135,156	207,046	285,120
以色列*	632	865	1,087	987	1,137	2,187	2,388	3,846	3,405
印度*	1,462	2,583	12,014	22,202	22,127	47,980	65,738	116,910	244,698
印度尼西亚	14,093	22,551	67,948	54,333	79,906	115,044	168,791	309,804	465,665
约旦	1,747	1,106	1,195	1,032	1,054	1,263	1,281	2,254	2,343
越南	22,918	25,363	39,699	52,173	72,850	98,660	129,066	160,438	216,672
中国澳门	59,870	61,247	91,067	156,078	183,723	222,929	267,589	292,927	340,914
中国香港	3,650,708	4,226,991	6,878,132	11,584,528	16,449,894	19,905,557	26,151,852	30,637,245	37,709,314
非洲	**159,525**	**255,682**	**446,183**	**780,383**	**933,227**	**1,304,212**	**1,624,432**	**2,172,971**	**2,618,577**
阿尔及利亚	17,121	24,737	39,389	50,882	75,126	93,726	105,945	130,533	149,721
埃及	3,980	10,043	13,160	13,135	28,507	33,672	40,317	45,919	51,113
埃塞俄比亚	2,982	9,560	10,888	12,645	28,344	36,806	42,679	60,655	77,184
安哥拉	879	3,723	7,846	6,889	19,554	35,177	40,059	124,510	163,474
贝宁	1,900	2,212	3,560	5,315	5,401	3,933	4,003	4,760	4,991
博茨瓦纳	1,812	2,552	4,339	6,526	11,925	17,852	20,038	22,015	23,090
布基纳法索	--	--	--	--	--	--	--	--	434
布隆迪	--	165	165	165	464	651	720	870	979
赤道几内亚*	1,656	3,044	4,463	4,062	6,150	8,625	9,868	40,464	26,085
多哥	478	1,172	1,442	2,312	3,302	5,811	6,715	9,838	12,309
厄立特里亚	12	663	722	673	960	1,254	1,431	10,378	10,455
佛得角	60	165	465	513	504	458	458	1,160	1,523
冈比亚	119	119	119	119	119	119	119	119	119
刚果（布）	1,332	6,290	6,540	7,542	11,517	13,588	14,240	50,490	69,543
刚果（金）	2,511	3,761	10,440	13,414	39,743	63,092	70,926	97,049	109,176
吉布提	40	60	160	160	703	1,247	1,813	1,799	3,055
几内亚	4,422	5,463	6,997	9,637	12,932	13,641	16,843	23,467	33,858
几内亚（比绍）	--	--	--	--	2,700	2,700	2,700	2,700	2,700
加纳	733	809	4,187	5,802	18,504	20,200	27,015	50,527	83,484
加蓬	3,536	5,128	5,559	8,814	10,005	12,534	12,710	12,847	16,848
津巴布韦	4,163	4,615	5,915	6,001	9,975	13,454	57,644	87,467	152,083
喀麦隆	787	1,646	1,851	2,034	2,505	5,961	6,154	7,950	14,840

附表2　续2

单位：万美元

国家(地区)	2005年	2006年	2007年	2008年	2009年	2010年	2011年	2012年	2013年
科摩罗	1	405	405	405	405	404	404	454	454
科特迪瓦	2,911	2,504	2,818	2,116	3,765	3,299	3,467	4,004	3,500
肯尼亚	5,825	4,623	5,513	7,836	12,036	22,158	30,883	40,273	63,590
莱索托	60	760	760	822	832	888	891	913	913
利比里亚	1,595	2,951	2,978	3,736	5,639	8,167	11,474	15,437	19,610
利比亚	3,306	2,857	7,083	8,158	4,269	3,219	6,778	6,519	10,882
卢旺达*	472	771	730	2,018	2,880	4,163	5,852	6,354	7,333
马达加斯加	4,994	5,434	7,601	14,652	19,622	22,987	25,363	27,455	28,610
马拉维*	73	96	116	659	1,454	3,240	3,007	4,930	25,382
马里*	1,328	1,983	3,222	3,095	4,472	4,777	16,006	21,143	31,667
毛里求斯	2,681	5,116	11,590	23,007	24,284	28,329	60,594	70,080	84,959
毛里塔尼亚*	240	2,012	1,514	2,476	3,129	4,588	7,471	10,615	10,828
摩洛哥	2,059	2,701	2,965	2,806	4,878	5,585	8,948	9,522	10,296
莫桑比克	1,468	1,468	3,424	4,300	7,496	7,524	9,807	33,691	50,809
纳米比亚*	236	643	724	1,995	4,618	4,711	6,021	9,453	34,945
南非*	11,228	16,762	70,237	304,862	230,686	415,298	405,973	477,507	440,040
南苏丹	--	--	--	--	--	--	5	1,090	2,647
尼日尔	2,044	3,299	13,453	13,650	18,420	37,936	42,957	12,533	24,187
尼日利亚*	9,411	21,594	63,032	79,591	102,596	121,085	141,561	194,987	214,607
塞拉利昂	1,845	1,489	3,228	4,370	5,123	4,148	5,223	5,771	10,836
塞内加尔*	235	415	439	1,061	2,607	4,503	4,520	10,222	8,325
塞舌尔	419	646	655	660	700	1,936	2,380	7,719	10,347
圣多美和普林西比	--	--	--	--	--	31	31	38	38
苏丹	35,153	49,713	57,485	52,825	56,389	61,336	152,564	123,660	150,704
坦桑尼亚	6,202	11,193	11,092	19,022	28,179	30,751	40,707	54,080	71,646
突尼斯	215	391	357	357	227	253	629	569	1,386
乌干达	497	1,467	1,868	1,198	5,856	11,368	12,621	14,110	38,376
赞比亚*	16,031	26,786	42,936	65,133	84,397	94,373	119,984	199,811	216,432
乍得	271	1,278	1,353	2,536	7,657	8,000	10,812	19,412	32,126
中非	200	398	398	398	1,671	4,654	5,102	5,102	6,038
欧洲	**127,293**	**226,982**	**445,854**	**513,396**	**867,678**	**1,571,031**	**2,445,003**	**3,697,512**	**5,316,156**
阿尔巴尼亚	50	51	51	51	435	443	443	443	703
阿塞拜疆	265	1,092	1,019	953	1,200	1,238	3,006	3,168	3,834
爱尔兰	4	2,530	2,923	10,777	10,682	13,991	15,683	19,377	32,325
爱沙尼亚	126	126	126	126	750	750	750	350	350
奥地利	7	32	404	404	155	201	2,454	7,946	7,666
白俄罗斯	29	29	29	239	449	2,371	2,907	7,747	11,590
保加利亚	299	474	474	474	231	1,860	7,256	12,674	14,985

附表2 续3

单位：万美元

国家(地区)	2005年	2006年	2007年	2008年	2009年	2010年	2011年	2012年	2013年
比利时	234	267	3,398	3,330	5,691	10,101	14,050	23,069	31,501
冰岛	110	5	5	5	5	--	--	--	--
波兰	1,239	8,718	9,893	10,993	12,030	14,031	20,126	20,811	25,704
波黑	351	351	351	351	592	598	601	607	613
丹麦	9,659	3,648	3,675	3,808	4,079	4,247	4,913	5,324	8,437
德国	26,835	47,203	84,541	84,550	108,224	150,229	240,144	310,435	397,938
俄罗斯联邦*	46,557	92,976	142,151	183,828	222,037	278,756	376,364	488,849	758,161
法国	3,382	4,488	12,681	16,713	22,103	24,362	372,389	395,077	444,794
芬兰	90	93	94	359	904	2,725	3,100	3,403	4,255
格鲁吉亚	2,215	3,209	4,293	6,586	7,533	13,017	10,935	17,808	33,075
荷兰	1,495	2,043	13,876	23,442	33,587	48,671	66,468	110,792	319,309
黑山	--	--	32	32	32	32	32	32	32
捷克*	138	1,467	1,964	3,243	4,934	5,233	6,683	20,245	20,468
克罗地亚	75	75	784	784	810	813	818	863	831
拉脱维亚	161	231	57	57	54	54	54	54	54
立陶宛	393	393	393	393	393	393	393	697	1,248
列支敦士登	--	--	28	28	36	391	391	391	391
卢森堡	--	--	6,702	12,283	248,438	578,675	708,197	897,789	1,042,376
罗马尼亚	3,943	6,563	7,288	8,566	9,334	12,495	12,583	16,109	14,513
马耳他	137	197	187	481	503	266	337	337	349
马其顿*	20	20	20	20	20	20	20	26	209
摩尔多瓦*	78	78	78	78	78	78	78	211	387
挪威*	--	16	375	385	1,295	14,776	16,659	18,813	477,171
葡萄牙	--	20	171	171	502	2,137	3,313	4,038	5,532
瑞典	2,246	2,002	14,693	15,759	11,189	147,912	153,122	240,817	273,771
瑞士	245	758	888	891	3,030	5,854	9,194	10,132	29,654
塞尔维亚	--	--	200	200	268	484	505	647	1,854
塞尔维亚和黑山	200	200	--	--	--	--	--	--	--
斯洛伐克*	10	10	510	510	936	982	2,578	8,601	8,277
斯洛文尼亚	12	140	140	140	500	500	500	500	500
乌克兰	278	654	1,351	1,592	2,079	2,229	2,929	3,314	5,198
西班牙	13,012	13,672	14,285	14,501	20,523	24,776	38,931	43,725	31,571
希腊	35	35	38	168	168	423	463	598	11,979
匈牙利	281	5,365	7,817	8,875	9,741	46,570	47,535	50,741	53,235
亚美尼亚*	125	125	125	125	132	132	132	132	751
意大利	2,160	7,441	12,713	13,360	19,168	22,380	44,909	57,393	60,775
英国*	10,797	20,187	95,031	83,766	102,828	135,835	253,058	893,427	1,179,790
拉丁美洲	**1,146,961**	**1,969,437**	**2,470,091**	**3,224,015**	**3,059,548**	**4,387,564**	**5,517,175**	**6,821,163**	**8,609,593**
阿根廷	422	1,134	15,719	17,336	16,905	21,899	40,525	89,719	165,820
安提瓜和巴布达	40	125	125	125	125	125	484	544	630
巴巴多斯	165	201	242	325	600	388	313	395	497
巴哈马	1,469	1,752	5,651	60	160	160	160	60	60
巴拉圭	--	--	--	478	1,125	3,907	4,465	4,606	4,624
巴拿马	3,477	3,692	5,531	6,738	8,109	23,658	33,078	19,662	47,864
巴西	8,139	13,041	18,955	21,705	36,089	92,365	107,179	144,951	173,358

附表2 续4

单位：万美元

国家(地区)	2005年	2006年	2007年	2008年	2009年	2010年	2011年	2012年	2013年
玻利维亚*	8	2,106	2,303	2,862	5,565	6,485	6,632	15,619	11,892
伯利兹	--	2	2	8	8	--	--	--	35
多米尼加	--	--	--	6	12	12	12	112	100
多米尼克	--	70	70	70	70	415	815	815	845
厄瓜多尔	1,812	3,904	4,918	8,860	10,660	12,958	9,524	40,763	100,879
哥伦比亚	736	570	677	1,371	2,050	2,297	5,980	34,615	36,869
哥斯达黎加	--	--	--	--	200	208	209	209	326
格林纳达	--	403	753	765	765	1,452	1,454	1,454	1,454
古巴	3,359	5,991	6,649	7,205	8,532	6,898	14,637	13,569	11,134
圭亚那*	560	860	6,860	6,950	14,961	18,317	13,513	15,188	22,518
洪都拉斯	528	528	90	--	--	--	--	--	--
开曼群岛	893,559	1,420,919	1,681,068	2,032,745	1,357,707	1,725,627	2,169,232	3,007,200	4,232,406
秘鲁*	12,922	13,040	13,711	19,434	28,454	65,449	80,224	75,287	86,778
墨西哥	14,186	12,861	15,144	17,308	17,390	15,287	26,388	36,848	40,987
尼加拉瓜	--	--	--	--	--	--	--	--	217
圣文森特和格林纳丁斯	1,227	1,492	2,080	3,249	2,303	3,619	3,620	3,620	3,620
苏里南	1,302	3,221	6,528	6,770	6,880	7,884	7,884	4,561	11,193
特立尼达多巴哥	--	80	80	80	80	80	90	109	386
委内瑞拉	4,265	7,158	14,388	15,596	27,196	41,652	50,100	204,276	236,338
乌拉圭	56	163	211	211	715	751	815	1,765	2,593
牙买加	--	2	2	216	216	437	3,907	7,493	7,968
英属维尔京群岛	198,358	475,040	662,654	1,047,733	1,506,069	2,324,276	2,926,141	3,085,095	3,390,298
智利	371	1,084	5,680	5,809	6,602	10,958	9,794	12,628	17,904
北美洲	**126,323**	**158,702**	**324,089**	**365,978**	**518,470**	**782,926**	**1,347,243**	**2,550,299**	**2,860,974**
百慕大群岛*	33,726	20,843	10,584	145	17,594	35,267	75,184	337,250	51,399
加拿大	10,329	14,072	125,452	126,843	167,034	260,260	372,756	505,072	619,619
美国	82,268	123,787	188,053	238,990	333,842	487,399	899,303	1,707,977	2,189,956
大洋洲	**65,029**	**93,948**	**183,040**	**381,600**	**641,895**	**860,729**	**1,200,744**	**1,511,407**	**1,901,712**
澳大利亚	58,746	79,435	144,401	335,529	586,310	786,775	1,104,125	1,387,305	1,744,968
巴布亚新几内亚	843	6,130	25,811	28,993	31,511	32,326	34,152	36,548	42,230
斐济*	955	1,867	2,242	3,060	3,300	3,943	6,107	17,091	20,841
基里巴斯	--	--	--	--	--	--	--	--	82
库克群岛	--	--	--	--	--	--	--	12	29
马绍尔群岛	--	200	3,616	4,416	8,086	7,352	10,737	11,687	11,687
密克罗尼西亚	50	116	741	725	725	725	436	777	823
帕劳	--	--	50	850	852	902	959	959	959
萨摩亚	90	90	78	78	240	10,133	22,979	26,601	18,808
所罗门群岛	--	--	--	--	--	--	--	--	--
汤加	554	711	711	711	711	711	711	711	711
瓦努阿图*	273	273	273	273	775	1,284	1,992	2,331	6,401
新西兰	3,518	5,127	5,117	6,965	9,385	15,911	18,546	27,385	54,173
大洋洲其他国家地区	--	--	--	--	--	667	--	--	--

注:1. “*”表示该国家(地区)2013年末存量数据中包含对以往历史数据进行调整部分。
2.2005、2006年末数据为中国非金融类对外直接投资存量数据。

附表3 2005-2013各年中国对外直接投资流量行业分布情况

单位：万美元

行业分类	2005年	2006年	2007年	2008年	2009年	2010年	2011年	2012年	2013年
A 农、林、牧、渔业	10,536	18,504	27,171	17,183	34,279	53,398	79,775	146,138	181,313
B 采矿业	167,522	853,951	406,277	582,351	1,334,309	571,486	1,444,595	1,354,380	2,480,779
C 制造业	228,040	90,661	212,650	176,603	224,097	466,417	704,118	866,741	719,715
D 电力、热力、燃气及水的生产和供应业	766	11,874	15,138	131,349	46,807	100,643	187,543	193,534	68,043
E 建筑业	8,186	3,323	32,943	73,299	36,022	162,826	164,817	324,536	436,430
F 批发和零售业	226,012	111,391	660,418	651,413	613,575	672,878	1,032,412	1,304,854	1,464,682
G 交通运输、仓储和邮政业	57,679	137,639	406,548	265,574	206,752	565,545	256,392	298,814	330,723
H 住宿和餐饮业	758	251	955	2,950	7,487	21,820	11,693	13,663	8,216
I 信息传输、软件和信息技术服务业	1,479	4,802	30,384	29,875	27,813	50,612	77,646	124,014	140,088
J 金融业	--	352,999	166,780	1,404,800	873,374	862,739	607,050	1,007,084	1,510,532
K 房地产业	11,563	38,376	90,852	33,901	93,814	161,308	197,442	201,813	395,251
L 租赁和商务服务业	494,159	452,166	560,734	2,171,723	2,047,378	3,028,070	2,559,726	2,674,080	2,705,617
M 科学研究和技术服务业	12,942	28,161	30,390	16,681	77,573	101,886	70,658	147,850	179,221
N 水利、环境和公共设施管理业	13	825	271	14,145	434	7,198	25,529	3,357	14,489
O 居民服务、修理和其他服务业	6,279	11,151	7,621	16,536	26,773	32,105	32,863	89,040	112,918
P 教育	--	228	892	154	245	200	2,008	10,283	3,566
Q 卫生和社会工作	--	18	75	--	191	3,352	639	538	1,703
R 文化、体育和娱乐业	12	76	510	2,180	1,976	18,648	10,498	19,634	31,085
S 公共管理、社会保障和社会组织	171	--	--	--	--	--	--	--	--
合计	**1,226,117**	**2,116,396**	**2,650,609**	**5,590,717**	**5,652,899**	**6,881,131**	**7,465,404**	**8,780,353**	**10,784,371**

附表4 2005-2013各年末中国对外直接投资存量行业分布情况

单位：万美元

行业分类	2005年	2006年	2007年	2008年	2009年	2010年	2011年	2012年	2013年
A 农、林、牧、渔业	51,162	81,670	120,605	146,762	202,844	261,208	341,664	496,443	717,912
B 采矿业	865,161	1,790,162	1,501,381	2,286,840	4,057,969	4,466,064	6,699,537	7,478,420	10617092
C 制造业	577,028	752,962	954,425	966,188	1,359,155	1,780,166	2,696,443	3,414,007	4,197,684
D 电力、热力、燃气及水的生产和供应业	28,731	44,554	59,539	184,676	225,561	341,068	714,056	899,210	1,119,660
E 建筑业	120,399	157,032	163,434	268,070	341,322	617,328	805,110	1,285,604	1,944,574
F 批发和零售业	1,141,791	1,295,520	2,023,288	2,985,866	3,569,499	4,200,645	4,909,363	6,821,188	8,764,768
G 交通运输、仓储和邮政业*	708,297	756,819	1,205,904	1,452,002	1,663,133	2,318,780	2,526,131	2,922,653	3,222,778
H 住宿和餐饮业	4,640	6,118	12,067	13,669	24,329	44,986	60,386	76,327	94,743
I 信息传输、软件和信息技术服务业	132,350	144,988	190,089	166,696	196,724	840,624	955,324	481,971	738,440
J 金融业	--	1,560,537	1,671,991	3,669,388	4,599,403	5,525,321	6,739,329	9,645,337	11707983
K 房地产业	149,520	201,858	451,386	409,814	534,343	726,642	898,616	958,141	1,542,126
L 租赁和商务服务业	1,655,360	1,946,360	3,051,503	5,458,303	7,294,900	9,724,605	14229002	17569795	19573354
M 科学研究和技术服务业	60,431	112,129	152,103	198,189	287,413	396,712	438,838	679,276	866,973
N 水利、环境和公共设施管理业	91,002	91,839	92,121	106,289	106,508	113,343	240,196	7,056	34,242
O 居民服务、修理和其他服务业*	132,338	117,420	129,885	71,468	96,137	322,974	161,558	358,124	768,855
P 教育	--	228	1,740	1,749	2,123	2,394	6,657	16,479	20,105
Q 卫生和社会工作	11	281	369	369	610	3,616	1,715	4,676	6,484
R 文化、体育和娱乐业*	538	2,614	9,220	10,733	13,565	34,583	54,142	79,351	110,067
S 公共管理、社会保障和社会组织	1,803	--	--	--	--	--	--	--	--
合计	**5,720,562**	**9,063,091**	**11791050**	**18397071**	**24575538**	**31721059**	**42478067**	**53194058**	**66047840**

注：带*行数据表示2013年末存量中包含对以往历史数据进行调整部分。

附表5　2005-2013各年中国非金融类对外直接投资流量情况（分省市区）

单位：万美元

地区	2005年	2006年	2007年	2008年	2009年	2010年	2011年	2012年	2013年
一、中央合计	**1,020,369**	**1,523,692**	**1,958,488**	**3,598,284**	**3,819,275**	**4,243,698**	**4,502,314**	**4,352,693**	**5,632,449**
二、地方合计	**205,748**	**239,705**	**525,341**	**587,633**	**960,250**	**1,774,542**	**2,356,036**	**3,420,576**	**3,641,489**
北京市	11,306	5,612	15,295	47,299	45,185	76,614	117,503	168,855	413,010
天津市	1,887	2,808	7,993	8,200	20,992	34,132	40,706	67,495	112,020
河北省	8,538	4,880	5,394	5,363	21,993	53,237	46,363	57,809	92,757
山西省	562	1,849	8,347	2,702	33,295	7,926	18,319	30,966	56,483
内蒙古自治区	2,181	2,522	4,235	6,190	15,547	8,042	12,825	51,845	40,880
辽宁省	3,019	9,701	12,833	10,600	75,786	193,566	114,384	276,260	129,499
其中：大连市	1,144	6,748	6,542	4,427	46,384	163,229	74,591	203,087	104,450
吉林省	1,083	2,948	8,322	10,673	29,814	21,340	20,493	29,641	75,240
黑龙江省	16,643	21,796	17,851	22,797	12,131	23,780	23,834	72,405	77,338
上海市	66,680	44,863	52,266	33,714	120,869	158,468	183,802	331,618	267,524
江苏省	10,828	12,403	51,899	49,384	85,061	137,119	225,383	313,050	302,001
浙江省	15,817	21,528	40,346	38,768	70,226	267,915	185,287	236,023	255,276
其中：宁波市	3,285	3,674	5,253	22,515	21,097	39,460	75,573	63,839	84,468
安徽省	1,902	3,412	5,079	6,051	5,782	81,365	53,089	71,043	91,055
福建省	4,253	9,584	36,847	16,169	36,582	53,495	53,028	85,705	95,249
其中：厦门市	623	90	19,099	4,159	12,389	22,881	15,276	23,400	26,463
江西省	654	48	1,536	2,587	2,265	9,470	18,833	37,316	38,091
山东省	15,904	12,666	18,928	47,478	70,441	189,001	247,339	345,621	426,472
其中：青岛市	864	2,237	4,898	1,547	10,472	46,197	23,466	91,985	102,267
河南省	8,538	763	7,036	13,128	12,075	11,864	28,251	34,117	58,971
湖北省	485	286	903	350	4,116	8,061	70,903	49,687	52,011
湖南省	3,067	5,921	14,088	25,446	100,568	27,477	117,628	99,499	56,970
广东省	20,708	62,997	114,101	124,251	92,298	159,977	363,350	528,821	594,288
其中：深圳市	9,200	45,288	92,433	76,375	41,447	60,878	113,306	336,833	300,814
广西壮族自治区	321	390	2,620	3,844	8,169	18,682	16,714	27,240	8,134
海南省	6	343	122	82	6,072	22,179	121,999	32,012	81,731
重庆市	590	1,691	8,713	10,448	4,747	36,109	40,125	52,960	34,655
四川省	2,666	2,831	29,120	8,107	10,740	69,097	56,341	59,509	58,447
贵州省	--	--	51	25	522	289	2,033	2,025	20,815
云南省	2,072	2,907	13,641	28,467	27,008	51,339	24,845	104,046	83,036
西藏自治区	--	--	--	--	--	29	216	2	22
陕西省	302	115	2,058	14,063	22,462	26,055	44,816	60,784	30,789
甘肃省	3,770	2,087	15,364	35,808	1,852	10,176	64,917	138,209	43,182
青海省	100	80	110	202	209	138	173	1,280	3,596
宁夏回族自治区	109	1,818	569	502	1,509	711	1,295	6,421	8,626
新疆维吾尔自治区	861	172	8,535	6,934	18,057	4,776	31,474	43,123	31,579
新疆生产建设兵团	896	684	21,139	7,999	3,877	12,111	9,768	5,189	1,742
合计	**1,226,117**	**1,763,397**	**2,483,829**	**4,185,917**	**4,779,525**	**6,018,240**	**6,858,350**	**7,773,269**	**9,273,938**

附表6 2005-2013各年末中国非金融类对外直接投资存量情况(分省市区)

单位：万美元

地区	2005年	2006年	2007年	2008年	2009年	2010年	2011年	2012年	2013年
一、中央合计	**4787544**	**6162823**	**7944376**	**11974085**	**16014326**	**20178790**	**27246046**	**31142414**	**37850016**
二、地方合计	**933018**	**1339732**	**2174684**	**2753598**	**3961809**	**6016948**	**8492697**	**12406307**	**16490005**
北京市	92,940	91,873	159,195	251,019	375,865	480,882	603,380	757,792	1,276,456
天津市	6,078	15,900	25,200	32,161	58,116	96,729	138,678	211,513	359,331
河北省	26,154	32,770	38,248	52,415	88,692	137,724	195,470	238,710	349,045
山西省	8,869	18,702	27,200	18,159	53,339	63,654	83,021	106,047	153,865
内蒙古自治区	4,116	8,875	13,984	20,405	40,100	47,055	56,517	122,260	167,880
辽宁省	8,221	27,970	44,395	60,554	149,230	340,696	435,698	695,281	773,117
其中：大连市	4,343	16,344	25,539	34,888	83,094	247,520	296,903	480,316	529,818
吉林省	7,945	10,784	21,554	37,929	70,767	89,958	111,548	145,396	213,924
黑龙江省	32,672	60,171	71,144	99,353	106,235	128,044	172,792	252,993	335,010
上海市	184,081	261,273	302,538	218,611	358,937	609,433	637,473	1,395,106	1,784,361
江苏省	39,098	58,871	116,499	172,677	249,872	388,814	570,194	783,185	1,116,311
浙江省	40,708	70,268	116,259	154,716	295,923	584,528	718,913	854,864	1,098,848
其中：宁波市	10,283	14,834	23,510	46,039	65,048	106,430	187,524	212,067	323,064
安徽省	4,183	10,062	15,351	20,379	27,594	110,842	165,408	237,120	379,559
福建省	20,873	52,371	91,608	113,231	158,800	196,773	244,754	323,701	396,778
其中：厦门市	1,360	5,417	21,242	31,666	38,813	60,443	80,557	99,578	109,623
江西省	881	2,022	5,478	9,126	12,905	22,136	39,751	78,934	119,180
山东省	67,673	110,340	161,360	208,025	262,255	495,823	862,620	1,197,009	1,604,738
其中：青岛市	19,752	39,067	69,325	59,636	46,487	123,774	149,036	245,339	322,806
河南省	17,624	8,666	21,703	33,001	57,655	70,689	97,460	144,188	195,352
湖北省	2,292	4,031	4,972	5,600	9,992	17,794	88,351	137,579	173,318
湖南省	3,481	10,329	29,344	67,427	204,782	271,626	329,577	413,331	454,724
广东省	318,040	417,318	724,311	868,514	954,523	1,162,951	1,798,111	2,517,617	3,423,375
其中：深圳市	112,804	212,350	400,271	480,619	473,986	615,287	832,918	1,320,198	1,856,799
广西壮族自治区	5,269	4,434	9,629	13,780	30,111	52,505	68,701	86,688	106,168
海南省	1,170	1,383	4,342	4,423	11,260	33,566	165,262	332,820	343,423
重庆市	6,300	7,419	16,071	27,674	30,323	65,565	110,572	170,951	193,959
四川省	8,740	14,339	44,322	39,758	53,524	125,352	192,478	224,573	265,593
贵州省	394	194	445	1,866	2,229	2,035	4,952	8,746	32,708
云南省	5,314	10,329	26,113	56,996	94,784	155,504	182,914	295,805	386,567
西藏自治区	160	160	100	152	152	180	377	1,033	1,227
陕西省	1,365	2,864	5,667	19,299	41,518	69,786	113,806	179,387	200,287
甘肃省	5,976	8,175	24,550	59,291	61,085	71,158	133,950	268,562	315,985
青海省	203	283	340	492	751	890	1,304	3,149	9,062
宁夏回族自治区	1,179	2,934	2,645	3,729	3,979	4,672	5,956	11,934	19,624
新疆维吾尔自治区	4,301	8,994	14,212	38,419	51,601	68,983	103,390	145,444	174,951
新疆生产建设兵团	6,718	5,628	35,905	44,416	44,910	50,598	59,319	64,589	65,279
合计	**5720562**	**7502555**	**10119060**	**14727683**	**19976135**	**26195738**	**35738743**	**43548721**	**54340021**

附表7 2005-2013各年中国对欧盟直接投资流量情况

单位：万美元

国家	2005年	2006年	2007年	2008年	2009年	2010年	2011年	2012年	2013年
爱尔兰	--	2,529	20	4,233	-95	3,288	1,693	4,888	11,702
奥地利	--	4	8	--	--	46	2,022	5,343	15
保加利亚	172	--	--	--	-243	1,629	5,390	5,417	2,069
比利时	--	13	491	--	2,362	4,533	3,590	9,840	2,578
波兰	13	--	1,175	1,070	1,037	1,674	4,866	750	1,834
丹麦	1,079	-5,891	27	133	264	161	589	514	2,739
德国	12,874	7,672	23,866	18,341	17,921	41,235	51,238	79,933	91,081
法国	609	560	962	3,105	4,519	2,641	348,232	15,393	26,044
芬兰	--	--	1	266	111	1,804	156	136	852
荷兰	384	531	10,675	9,197	10,145	6,453	16,786	44,245	23,842
捷克	--	910	497	1,279	1,560	211	884	1,802	1,784
克罗地亚	--	--	120	--	26	3	5	5	--
拉脱维亚	--	--	-174	--	-3	--	--	--	--
立陶宛	--	--	--	--	--	--	--	100	551
卢森堡	--	--	419	4,213	227,049	320,719	126,500	113,301	127,521
罗马尼亚	287	963	680	1,198	529	1,084	30	2,541	217
马耳他	--	10	-10	47	22	-237	27	--	12
葡萄牙	--	--	--	--	--	--	--	515	1,494
瑞典	100	530	6,806	1,066	810	136,723	4,901	28,522	17,082
塞浦路斯	--	--	30	--	--	--	8,954	348	7,634
斯洛伐克	--	--	--	--	26	46	594	219	33
斯洛文尼亚	--	--	--	--	--	--	--	--	--
西班牙	147	730	609	116	5,986	2,926	13,974	4,624	-14,575
希腊	--	--	3	12	--	--	43	88	190
匈牙利	65	37	863	215	821	37,010	1,161	4,140	2,567
意大利	746	763	810	500	4,605	1,327	22,483	11,858	3,126
英国	2,478	3,512	56,654	1,671	19,217	33,033	141,970	277,473	141,958
合计	**18,954**	**12,873**	**104,412**	**46,662**	**296,643**	**596,309**	**756,083**	**611,990**	**452,350**

注：1.2005、2006年为非金融类对外直接投资流量。
2.欧盟2012年及以前年度合计数据不包括对克罗地亚投资数据。

附表8 2005-2013各年末中国对欧盟直接投资存量情况

单位：万美元

国家	2005年	2006年	2007年	2008年	2009年	2010年	2011年	2012年	2013年
爱尔兰	4	2,530	2,923	10,777	10,682	13,991	15,683	19,377	32,325
爱沙尼亚	126	126	126	126	750	750	750	350	350
奥地利	7	32	404	404	155	201	2,454	7,946	7,666
保加利亚	299	474	474	474	231	1,860	7,256	12,674	14,985
比利时	234	267	3,398	3,330	5,691	10,101	14,050	23,069	31,501
波兰	1,239	8,718	9,893	10,993	12,030	14,031	20,126	20,811	25,704
丹麦	9,659	3,648	3,675	3,808	4,079	4,247	4,913	5,324	8,437
德国	26,835	47,203	84,541	84,550	108,224	150,229	240,144	310,435	397,938
法国	3,382	4,488	12,681	16,713	22,103	24,362	372,389	395,077	444,794
芬兰	90	93	94	359	904	2,725	3,100	3,403	4,255
荷兰	1,495	2,043	13,876	23,442	33,587	48,671	66,468	110,792	319,309
捷克	138	1,467	1,964	3,243	4,934	5,233	6,683	20,245	20,468
克罗地亚	75	75	784	784	810	813	818	863	831
拉脱维亚	161	231	57	57	54	54	54	54	54
立陶宛	393	393	393	393	393	393	393	697	1,248
卢森堡	--	--	6,702	12,283	248,438	578,675	708,197	897,789	1,042,376
罗马尼亚	3,943	6,563	7,288	8,566	9,334	12,495	12,583	16,109	14,513
马耳他	137	197	187	481	503	20	337	337	349
葡萄牙	--	20	171	171	502	2,137	3,313	4,038	5,532
瑞典	2,246	2,002	14,693	15,759	11,189	147,912	153,122	240,817	273,771
塞浦路斯	106	106	136	136	136	136	9,090	9,495	17,126
斯洛伐克	10	10	510	510	936	982	2,578	8,601	8,277
斯洛文尼亚	12	140	140	140	500	500	500	500	500
西班牙	13,012	13,672	14,285	14,501	20,523	24,776	38,931	43,725	31,571
希腊	35	35	38	168	168	423	463	598	11,979
匈牙利	281	5,365	7,817	8,875	9,741	46,570	47,535	50,741	53,235
意大利	2,160	7,441	12,713	13,360	19,168	22,380	44,909	57,393	60,775
英国	10,797	20,187	95,031	83,766	102,828	135,835	253,058	893,427	1,179,792
合计	**76,801**	**127,451**	**294,210**	**317,385**	**627,783**	**1,250,502**	**2,029,079**	**3,153,824**	**4,009,661**

注：1.2005、2006年为非金融类对外直接投资存量。
2.欧盟2012年及以前年度合计数据不包括对克罗地亚投资数据。

附表9　2005-2013各年中国对东南亚国家联盟直接投资流量情况

单位：万美元

国家	2005年	2006年	2007年	2008年	2009年	2010年	2011年	2012年	2013年
菲律宾	451	930	450	3,369	4,024	24,409	26,719	7,490	5,440
柬埔寨	515	981	6,445	20,464	21,583	46,651	56,602	55,966	49,933
老挝	2,058	4,804	15,435	8,700	20,324	31,355	45,852	80,882	78,148
马来西亚	5,672	751	-3,282	3,443	5,378	16,354	9,513	19,904	61,638
缅甸	1,154	1,264	9,231	23,253	37,670	87,561	21,782	74,896	47,533
泰国	477	1,584	7,641	4,547	4,977	69,987	23,011	47,860	75,519
文莱	150	--	118	182	581	1,653	2,011	99	852
新加坡	2,033	13,215	39,773	155,095	141,425	111,850	326,896	151,875	203,267
印度尼西亚	1,184	5,694	9,909	17,398	22,609	20,131	59,219	136,129	156,338
越南	2,077	4,352	11,088	11,984	11,239	30,513	18,919	34,943	48,050
合计	**15,771**	**33,575**	**96,808**	**248,435**	**269,810**	**440,464**	**590,524**	**610,044**	**726,718**

注：2005、2006年为中国对东盟非金融类对外直接投资流量。

附表10　2005-2013各年末中国对东南亚国家联盟直接投资存量情况

单位：万美元

国家	2005年	2006年	2007年	2008年	2009年	2010年	2011年	2012年	2013年
菲律宾	1,935	2,185	4,304	8,673	14,259	38,734	49,427	59,314	69,238
柬埔寨	7,684	10,366	16,811	39,066	63,326	112,977	175,744	231,768	284,857
老挝	3,287	9,607	30,222	30,519	53,567	84,575	127,620	192,784	277,092
马来西亚	18,683	19,696	27,463	36,120	47,989	70,880	79,762	102,613	166,818
缅甸	2,359	16,312	26,177	49,971	92,988	194,675	218,152	309,372	356,968
泰国	21,918	23,267	37,862	43,716	44,788	108,000	130,726	212,693	247,243
文莱	190	190	438	651	1,737	4,566	6,613	6,635	7,212
新加坡	32,548	46,801	144,393	333,477	485,732	606,910	1060269	1238333	1475070
印度尼西亚	14,093	22,551	67,948	54,333	79,906	115,044	168,791	309,804	465,665
越南	22,918	25,363	39,699	52,173	72,850	98,660	129,066	160,438	216,672
合计	**125,615**	**176,338**	**395,317**	**648,699**	**957,142**	**1435021**	**2146170**	**2823754**	**3566835**

注：2005、2006年为中国对东盟非金融类对外直接投资存量。

附表11 按2013年末对外直接投资存量排序的中国非金融类跨国公司100强

序号	公司名称
1	中国石油化工集团公司
2	中国石油天然气集团公司
3	中国海洋石油总公司
4	中国移动通信集团公司
5	华润(集团)有限公司
6	中国远洋运输(集团)总公司
7	中国中化集团公司
8	中国建筑工程总公司
9	招商局集团有限公司
10	中国铝业公司
11	中国联合网络通信集团有限公司
12	华为技术有限公司
13	中国化工集团公司
14	中国五矿集团公司
15	中国中信集团有限公司
16	中国交通建设集团公司
17	中粮集团有限公司
18	中国航空集团公司
19	中国长江三峡集团公司
20	国家电网公司
21	中国海运集团总公司
22	中国中钢集团公司
23	广东粤海控股有限公司
24	中国外运长航集团有限公司
25	中国兵器工业集团公司
26	中国华能集团公司
27	海航集团有限公司
28	兖州煤业股份有限公司
29	中国电力建设集团有限公司
30	中国有色矿业集团有限公司
31	武汉钢铁(集团)公司
32	上海吉利兆圆国际投资有限公司
33	金川集团股份有限公司

附表11　续1

序号	公司名称
34	宝钢集团有限公司
35	中国航空工业集团公司
36	中国冶金科工集团有限公司
37	联想控股有限公司
38	中国铁道建筑总公司
39	中国电力投资集团公司
40	神华集团有限责任公司
41	广州越秀集团有限公司
42	安徽省外经建设(集团)有限公司
43	美的集团股份有限公司
44	中国港中旅集团公司
45	大连万达集团股份有限公司
46	中国广核集团有限公司
47	鞍钢集团公司
48	上海市医药集团股份有限公司
49	中国大唐集团公司
50	中国重型汽车集团有限公司
51	深业集团有限公司
52	中兴通讯股份有限公司
53	中国铁路工程总公司
54	北京控股集团有限公司
55	光明食品(集团)有限公司
56	湖南华菱钢铁集团有限责任公司
57	中国国际海运集装箱(集团)股份有限公司
58	三一重工股份有限公司
59	吉林吉恩镍业股份有限公司
60	中国节能环保集团公司
61	首钢总公司
62	中铁建铜冠投资有限公司
63	复星国际有限公司
64	中国电子信息产业集团有限公司
65	长沙中联重工科技发展股份有限公司
66	海尔集团电器产业有限公司

附表11 续2

序号	公司名称
67	中国华电集团公司
68	中国机械工业集团有限公司
69	中国兵器装备集团公司
70	天津渤海租赁有限公司
71	南光(集团)有限公司
72	北京王府井国际商业发展有限公司
73	中国国电集团公司
74	中国东方航空集团公司
75	深圳能源集团股份有限公司
76	河北钢铁集团有限公司
77	南山集团有限公司
78	中国电信集团公司
79	中国南方航空集团公司
80	中国国新控股有限责任公司
81	中国诚通控股集团有限公司
82	中国黄金集团公司
83	TCL集团股份有限公司
84	广东省粤电集团有限公司
85	白银有色集团股份有限公司
86	中国保利集团公司
87	上海海外联合投资股份有限公司
88	国家开发投资公司
89	新疆中新资源有限公司
90	万向集团公司
91	烟台新益投资有限公司
92	上海联和投资有限公司
93	北京对外经贸控股有限责任公司
94	深圳市中金岭南有色金属股份有限公司
95	广东省交通集团有限公司
96	电信科学技术研究院
97	上海汽车集团股份有限公司
98	内蒙古伊泰集团有限公司
99	三林万业(上海)企业集团有限公司
100	重庆重钢矿产开发投资有限公司

附表12 按2013年末境外企业资产总额排序的中国非金融类跨国公司100强

序号	公司名称
1	中国石油化工集团公司
2	中国石油天然气集团公司
3	华润(集团)有限公司
4	中国海洋石油总公司
5	中国联合网络通信集团有限公司
6	中国建筑工程总公司
7	招商局集团有限公司
8	中国中化集团公司
9	中国远洋运输(集团)总公司
10	中粮集团有限公司
11	中国铝业公司
12	中国移动通信集团公司
13	北京控股集团有限公司
14	中国五矿集团公司
15	广州越秀集团有限公司
16	中国中信集团有限公司
17	中国交通建设集团公司
18	中国电力投资集团公司
19	京东方科技集团股份有限公司
20	华为技术有限公司
21	上海吉利兆圆国际投资有限公司
22	中国保利集团公司
23	中国化工集团公司
24	中国海运集团总公司
25	国家电网公司
26	宝钢集团有限公司
27	广东粤海控股有限公司
28	中国港中旅集团公司
29	兖州煤业股份有限公司
30	中国电子信息产业集团有限公司
31	中国兵器工业集团公司
32	大连万达集团股份有限公司
33	中国华能集团公司

附表12 续1

序号	公司名称
34	复星国际有限公司
35	中国电力建设集团有限公司
36	万科企业股份有限公司
37	中国长江三峡集团公司
38	中国冶金科工集团有限公司
39	中国航空工业集团公司
40	中国广核集团有限公司
41	中兴通讯股份有限公司
42	海航集团有限公司
43	中国中钢集团公司
44	金川集团股份有限公司
45	中国铁道建筑总公司
46	天津渤海租赁有限公司
47	中国航空集团公司
48	中国外运长航集团有限公司
49	三林万业(上海)企业集团有限公司
50	中国有色矿业集团有限公司
51	上海张江高科技园区开发股份有限公司
52	海尔集团电器产业有限公司
53	美的集团股份有限公司
54	光明食品(集团)有限公司
55	首钢总公司
56	武汉钢铁(集团)公司
57	联想控股有限公司
58	中国国际海运集装箱(集团)股份有限公司
59	中国船舶重工集团公司
60	中国节能环保集团公司
61	中国诚通控股集团有限公司
62	鞍钢集团公司
63	四川长虹电器股份有限公司
64	神华集团有限责任公司
65	烟台新益投资有限公司
66	中国铁路工程总公司

附表12 续2

序号	公司名称
67	西安迈科金属国际集团有限公司
68	中国国电集团公司
69	南光(集团)有限公司
70	吉林吉恩镍业股份有限公司
71	福建省能源集团有限责任公司
72	中国黄金集团公司
73	中国东方航空集团公司
74	潍柴动力股份有限公司
75	万向集团公司
76	上海万向资源有限公司
77	中国华电集团公司
78	山东钢铁集团有限公司
79	安徽省外经建设(集团)有限公司
80	中国电信集团公司
81	中国中纺集团公司
82	同方股份有限公司
83	中国航空油料集团公司
84	中国机械工业集团有限公司
85	中国船舶工业集团公司
86	上海医药集团股份有限公司
87	深业集团有限公司
88	中国大唐集团公司
89	江西铜业股份有限公司
90	上海市糖业烟酒(集团)有限公司
91	珠海九洲控股集团有限公司
92	广东省交通集团有限公司
93	中国建筑材料集团有限公司
94	中集融资租赁有限公司
95	河北钢铁集团有限公司
96	金地(集团)股份有限公司
97	海信集团有限公司
98	广东省广新控股集团有限公司
99	北京王府井国际商业发展有限公司
100	白银有色集团股份有限公司

附表13　按2013年境外企业销售收入排序的中国非金融类跨国公司100强

序号	公司名称
1	中国石化集团公司
2	中国石油天然气集团公司
3	中国海洋石油总公司
4	华润(集团)公司
5	中国中化集团公司
6	中国联合网络通信集团有限公司
7	中国远洋运输(集团)总公司
8	中粮集团有限公司
9	上海吉利兆圆国际投资有限公司
10	中国建筑工程总公司
11	中国兵器工业集团公司
12	中国电子信息产业集团有限公司
13	中国航空油料集团公司
14	中国中信集团有限公司
15	宝钢集团有限公司
16	中国五矿集团公司
17	西安迈科金属国际集团有限公司
18	中国化工集团公司
19	上海万向资源有限公司
20	珠海振戎公司
21	中国交通建设集团公司
22	中国港中旅集团公司
23	中国移动通信集团公司
24	华为技术有限公司
25	北京控股集团有限公司
26	美的集团股份有限公司
27	中国中钢集团公司
28	中国航空工业集团公司
29	中国电力投资集团公司
30	中兴通讯股份有限公司
31	中国海运集团总公司
32	招商局集团有限公司
33	华岳集团有限公司

附表13 续1

序号	公司名称
34	南光(集团)有限公司
35	武汉钢铁(集团)公司
36	九三粮油工业集团有限公司
37	金川集团股份有限公司
38	首钢总公司
39	四川长虹电器股份有限公司
40	中国电力建设集团有限公司
41	中国有色矿业集团有限公司
42	海尔集团电器产业有限公司
43	鞍钢集团公司
44	江铜国际贸易有限公司
45	中国工艺(集团)公司
46	大连万达集团股份有限公司
47	中国保利集团公司
48	万向集团公司
49	广州越秀集团有限公司
50	中国中纺集团公司
51	中国华能集团公司
52	阳谷祥光铜业有限公司
53	广东省广新控股集团有限公司
54	瓮福国际贸易股份有限公司
55	山东能源集团有限公司
56	丰立集团有限公司
57	广东粤海控股有限公司
58	中国冶金科工集团有限公司
59	中国诚通控股集团有限公司
60	中国节能环保集团公司
61	大冶有色金属公司
62	上海张江高科技园区开发股份有限公司
63	青岛海信电子产业控股股份有限公司
64	江苏沙钢集团有限公司
65	金龙精密铜管集团股份有限公司
66	冀中能源集团国际物流有限公司

附表13　续2

序号	公司名称
67	中国航空集团公司
68	珠海格力电器股份有限公司
69	云南云天化联合商务有限公司
70	兖州煤业股份有限公司
71	天津物产国际贸易有限公司
72	广州元亨能源有限公司
73	泰朗管业集团有限公司
74	烟台新益投资有限公司
75	中国外运长航集团有限公司
76	天津冶金轧一钢铁集团有限公司
77	中国建筑材料集团有限公司
78	三林万业(上海)企业集团有限公司
79	云南铜业(集团)有限公司
80	本钢集团国际经济贸易有限公司
81	厦门国贸集团股份有限公司
82	光明食品(集团)有限公司
83	中国通用技术集团控股有限责任公司
84	太原钢铁(集团)有限公司
85	中国广核集团有限公司
86	江西铜业股份有限公司
87	厦门建发股份有限公司
88	济钢集团有限公司
89	山东如意科技集团有限公司
90	上海电气集团股份有限公司
91	浙江海亮股份有限公司
92	神华集团有限责任公司
93	浙江物产金属集团有限公司
94	中国长江三峡集团公司
95	广东物资集团公司
96	万科企业股份有限公司
97	常州中发炼铁有限公司
98	河北钢铁集团金鼎重工股份有限公司
99	深圳市中金岭南有色金属股份有限公司
100	浙江恒逸集团有限公司

附　录
对外直接投资统计制度

中华人民共和国商务部
中华人民共和国国家统计局
国　家　外　汇　管　理　局

2012 年 12 月

一、总说明

（一）为准确、及时、全面地反映我国对外直接投资的实际情况，科学、有效地组织全国对外直接投资统计工作，充分发挥统计咨询、监督作用，依照《中华人民共和国统计法》及其实施细则，特制定本制度。

（二）本制度所称对外直接投资是指我国境内投资者以现金、实物、无形资产等方式在国外及港澳台地区设立、参股、兼并、收购国（境）外企业，拥有该企业10% 或以上的股权，并以拥有或控制企业的经营管理权为核心的经济活动。

（三）本制度适用于所有发生对外直接投资活动的境内机构和个人（以下简称境内投资者）。

（四）对外直接投资统计的基本任务是通过统计调查、统计分析和提供统计资料，全面、准确、及时地反映我国对外直接投资的全貌，为国家分析境外投资发展趋势，监测宏观运行，制定促进导向政策和实施监督管理，以及建立我国资本项目预警机制提供依据。

（五）对外直接投资统计实行统一领导，分级管理，逐级报送。

1. 商务部根据国家统计局的统一要求，负责全国对外直接投资的统计工作，管理各省、自治区、直辖市及计划单列市商务主管部门和中央企业的对外直接投资统计工作，综合编制、汇总全国对外直接投资统计资料。

2. 国家外汇管理局（以下简称外汇局）负责全国金融业的对外直接投资统计工作，管理金融业境内投资者的对外直接投资统计工作，综合编制、汇总并向商务部提供金融领域的对外直接投资统计资料。

3. 各省级商务主管部门负责本行政区域内对外直接投资统计工作，管理本行政区域内非金融业境内投资者（不包括该行政区域内中央管理的企业，下同）的对外直接投资统计工作，综合编制、汇总并向商务部报送本行政区域内的对外直接投资统计资料。

4. 境内投资者负责管理本单位的对外直接投资统计工作，按照本制度规定的表式搜集其境外直接投资企业的统计资料，综合编制、汇总并向省级商务主管部门、商务部或外汇局报送本单位的统计资料。

（六）对外直接投资统计的范围主要包括境内投资者通过直接投资方式在境外拥有或控制10%或以上投票权或其他等价利益的各类公司型和非公司型的境外直接投资企业（以下简称境外企业）。

境外企业按设立的方式主要分为境外子公司、联营公司和分支机构。

对外直接投资统计的内容主要包括：境内投资者的基本情况；境外企业的基本情况；境内投资者与境外企业间的投资、收益分配情况；通过境外企业实现的货物进出口情况；对外投资并购情况；通过境外企业再投资情况；境外经济贸易合作区情况；农业对外投资合作情况等。

（七）对外直接投资统计的指标主要包括：对外直接投资额；反向投资额；对外直接投资净额；实际交易额；资产总额；负债总额；所有者权益；实收资本；销售（营业）收入；利润总额；年末从业人数；境内投资者通过境外企业实现的出口额；境内投资者通过境外企业实现的进口额；对所在国缴纳的税金总额等。

（八）本制度采用定期填报统计报表方式，收集、整理统计资料。调查表分为年度报表和月度报表。

商务部、国家统计局和外汇局根据需要对重点统计调查项目采取典型调查方式，收集、整理统计资料，具体办法另文制定。

对外直接投资统计报表报送渠道：

1. 境内投资者为中央企业、单位的，直接向商务部报送统计报表。

2. 境内投资者为金融企业（包括银行、保险公司、证券公司、基金公司、信托公司、财务公司等）的，直接向外汇局报送统计报表。

3. 其他境内投资者向所在地省级商务主管部门报送统计报表。

4. 各省级商务主管部门汇总本行政区域内（不包括中央企业）的统计资料并上报商务部，同时抄送同级统计部门。

5. 外汇局负责收集、审核、汇总金融业境内投资者的统计资料，向商务部提供金融部分对外直接投资统计资料。

6. 商务部负责汇总全行业对外直接投资统计资料并报国家统计局。

境内投资者对外直接投资涉及的所有境外企业均按1、2、3渠道报送。

（九）对外直接投资统计数据采取定期公布制度。对外投资合作业务管理中使用的以及对外提供的统计资料，以商务部、国家统计局和外汇局公布的统计资料为准。

年度统计数据由商务部、国家统计局和外汇局于次年9月30日前以统计公报形式对外公布，月度统计数据由商务部于月后30日内对外公布，并自公布之日起10日内报国家统计局备案。每年1季度，商务部根据月度统计数据生成年度对外直接投资统计初步数据，同比计算基期为上年度统计初步数据。

对外公布的对外直接投资月度统计数据包括商务部根据上年度利润再投资测算的月度利润再投资，商务部根据测算比例将月度利润再投资分摊到有关行业、地区、省份等。

商务部、国家统计局和外汇局可根据对外直接投资实际情况对本年月度数据及上年度年报数据予以调整，年度最终数据以统计公报公布的数据为准。

（十）逢国家法定的节假日，统计报表的报送时间顺延。

（十一）本制度使用的国别（地区）统计代码，按海关总署制定的《国别（地区）统计代码》执行。

法人单位代码按各级技术监督部门颁发的《中华人民共和国组织机构代码证书》代码填报。

境内投资者所属行业类别按国家统计局发布的中华人民共和国《国民经济行业分类》（GB/T 4754-2011）执行，境外企业所属行业类别参照执行。

（十二）本制度由商务部负责解释。

（十三）本制度自2013年1月1日起正式施行，原《对外直接投资统计制度》（商合发［2010］520号）同时废止。

二、统计报表目录

表号	表名	报告期别	统计范围	报送、提供单位	报送、提供日期及方式
(一)综合报表					
FDI金融N1表	金融业境内投资者对外直接投资流量和存量(按国别地区分组)	年报	全部金融业境内投资者	国家外汇管理局	年后7月20日前向商务部提供，纸介质
FDI金融N2表	金融业境内投资者对外直接投资流量和存量(按国民经济行业分组)	年报	同上	同上	同上
FDI金融N3表	金融业境内投资者拥有的境外企业基本情况	年报	同上	同上	同上
FDI金融Y1表	金融业对外直接投资情况(按国别地区分组)	月报	同上	同上	月后20日前向商务部提供，纸介质
FDI金融Y2表	金融业对外直接投资情况(按国民经济行业分组)	月报	同上	同上	同上
(二)基层报表					
FDIN1表	境内投资者基本情况	年报	全部非金融业境内投资者	非金融业境内投资者	年后6月20日前报省级商务主管部门或商务部，网络传输
FDIN2表	境外企业基本情况	年报	同上	同上	同上
FDIN3表	境内投资者与境外企业间投资、收益分配情况	年报	同上	同上	同上
FDIN4表	通过境外企业实现的货物进出口情况	年报	同上	同上	同上
FDIN5表	境内投资者通过境外企业再投资情况	年报	同上	同上	同上
FDIN6	境外主要作物种植情况	年报	全部非金融业境内投资者	非金融业境内投资者	年后6月20日前报省级商务主管部门或商务部，网络传输
FDIY1表	对外直接投资情况	月报	同上	同上	月后10日内报省级商务主管部门或商务部，网络传输
FDIY2表	对外投资并购基本事项	月报	同上	同上	同上
FDIY3表	农业对外投资合作情况	月报	同上	同上	同上
FDIY4	境外经济贸易合作区情况	月报	同上	同上	同上

三、调查表式（略）

四、附录（略）

五、主要概念及指标解释

1. 对外直接投资

对外直接投资是指我国企业、团体等（以下简称境内投资者）在国外及港澳台地区以现金、实物、无形资产等方式投资，并以控制国（境）外企业的经营管理权为核心的经济活动。对外直接投资的内涵主要体现在一经济体通过投资于另一经济体而实现其持久利益的目标。

2. 直接投资企业

指境内投资者直接拥有或控制10%或以上投票权（对公司型企业）或其他等价利益的境外企业。境外企业按设立方式主要分为子公司、联营公司和分支机构。

（1）子公司：境内投资者拥有该境外企业50%以上的股东或成员表决权，并具有该境外企业行政、管理或监督机构主要成员的任命权或罢免权。

（2）联营公司：境内投资者拥有该境外企业10%－50%的股东或成员表决权。

（3）分支机构：即境内投资者在国（境）外的非公司型企业。

境内投资者在国（境）外的常设机构或办事处、代表处视同分支机构。

3. 对外直接投资额

指境内投资者在报告期内直接向其境外企业实现的投资，包括股本投资部分、利润再投资部分以及与公司之间债务交易有关的其他投资部分。

银行业的对外直接投资仅包括股本投资和其他投资（即境内银行在境外分行所享有的长期债权）。

（1）股本投资：指境内投资者在其境外分支机构的股本金，或在其境外子公司和联营公司的股份。

股本：等于报告年度末境外企业资产负债表中“股本”项乘以中方所占投资份额（或股权比重），当期股本资本的减少记作当期负流量。

新增股本：等于报告年度境外企业股本增加额乘以中方股权份额，其中包括境内投资者当年实际缴付的股本和由投资收益转增的股本。股本增加额为该企业年末、年初资产负债表“股本”项目相减之差。

（2）利润再投资：指境外子公司或联营公司未作为红利分配但应归属于境内投资者的利润部分，以及境外分支机构未汇给境内投资者的利润部分。

当期利润再投资：等于报告年度境外企业资产负债表中按中方股权比例计算的未分配利润期末数与期初数的差额，当期利润再投资为负数记入当期负流量。

利润再投资：等于报告年度境外企业资产负债表中按中方股权比例计算的未分配利润期末数，未分配利润期末数为负数不计入对外直接投资存量。

（3）其他投资：指境内投资者和境外子公司、分支机构以及联营公司之间的债务交易等，包括境内投资者与境外子公司、联营公司和分支机构的借贷。

其他投资：境内投资者当期提供给境外子公司、联营公司、分支机构的贷款记作当期对外直接投资流量和存量的增加；境外子公司、联营公司归还当期或以前年度境内投资者记作当期对外直接投资的负流量，同时应调减当期存量。

4. 反向投资额：指境外企业对境内投资者持股比例低于10%的投资。

5. 当期对外直接投资额：等于报告期境外企业新增股本加上当期利润再投资，加上对境内投资者的新增负债（指当期境内投资者对境外企业提供贷款）。

当期对外直接投资净额（简称流量）：等于报告期境外企业新增股本加上当期利润再投资，加上对境内投资者的新增负债（指当期境内投资者对境外企业提供贷款），减去当期境外企业对境内投资者的反向投资。

6. 累计对外直接投资额：等于报告期境外企业资产负债表中按中方投资比例计算的股本期末数加上按中方投资比例计算的未分配利润期末数，加上期末对境内投资者的负债（指境内投资者对境外企业提供贷款）。

累计对外直接投资净额（简称存量）：等于累计对外直接投资额减去境外企业累计对境内投资者的反向投资。

7. 资产总额：指企业拥有的流动资产、固定资产、无形资产、长期投资、在建工程、其他资产等用货币计量的价值总和。

8. 负债总额：反映报告期末企业承担的能够以货币计量、需要以资产或者劳务偿付的债务，包括流动负债、长期负债和其他负债。

9. 所有者权益：指所有者在企业资产中享有的经济利益（按股比计算），其金额为资产减去负债后的余额，包括实收资本（或者股本）、资本公积、盈余公积和未分配利润等。

10. 实收资本：指投资者按照企业章程，或合同、协议的约定，实际投入企业的资本。

11. 销售（营业）收入：指企业在销售商品或提供劳务等经营业务中实现的营业收入，包括主营业务收入和其他业务收入。

12. 利润总额：是企业在报告期的经营成果，包括营业利润、投资净收益和营业外收支净额。

13. 年末从业人员数：指报告年度末在境（内）外企业从事一定的劳动并取得劳动报酬或其他形式劳动报酬的全部人员数。

境外企业与中国境内有对外劳务合作经营资质的企业签订用工合同的相关从业人员不纳入境外企业年末从业人员统计。

14. 通过境外企业实现的货物出口总值：指通过境外企业在报告年度内出口的各种货物价值的总和。

15. 通过境外企业实现的货物进口总值：指通过境外企业在报告年度内进口的各种货物价值的总和。

16. 对所在国上缴税金总额：指境外企业按照投资所在国家或者地区的法律规定实际缴纳的各项税金之和。

17. 对境内投资者分配的投资收益：指境外企业依据境内投资者直接投资占有的权益份额分派给境内投资者的收益部分，包括红利、利润再投资、利息等。

18. 对境外企业分配的投资收益：指境外企业对境内投资者构成反向投资，境内投资者依据境外企业直接投资占有的权益份额分派给境外企业的收益部分，包括红利、利润再投资、利息等。

19. 实际汇回利润：指报告期内汇回境内投资者的当期利润及以前年度利润的总和。

20. 并购：是兼并和收购的总称。兼并指境内投资者（或通过其直接投资设立的境外企业）在国（境）外合并其他境外独立企业的行为。收购指境内投资者（或通过其直接投资设立的境外企业）在国（境）外用现金或者有价证券等方式购买境外实体企业（包括项目）的股票或者资产，以获得对该企业（或项目）的全部资产或者某项资产的所有权，或对该企业的控制权。

并购事项的统计界定：

（1）境内投资者直接与卖方签订并购境外实体企业（或项目）协议以及实施并购的行为活动纳入并购事项统计。

（2）境内投资者通过其境外企业与卖方签订并购企业（或项目）协议以及实施并购的行为活动纳入并购事项统计。

（3）境内投资者之间的境外企业股权转让不纳入并购事项统计。

上述（1）中所涉及并购企业（或项目）的最终控股比例不得小于10%；(2) 中所涉及并购事项

不受最终控股比例限制。

21. 实际交易额：指根据收购协议境内投资者（或其境外企业）实际支付给卖方的各种资金总和。

22. 月末从业人员数：指报告期末从事一定的劳动并取得劳动报酬的全部人员数量。

23. 农业对外投资合作：指境内投资者通过直接投资或再投资方式拥有、控制国（境）外农业类境外企业或项目的活动。

24. 自有资金：是指境内投资者为进行生产经营活动所经常持有，可以自行支配使用并毋须偿还的那部分资金。

25. 统计原则的界定

（1）本制度执行国际非统一体系，即仅统计境内投资者在国外及港澳台地区完成的直接投资活动。

（2）国家（地区）的统计界定

对外直接投资的国家（地区）按直接东道国／直接投资国体系（国际上称为非统一体系）确定直接投资的流出／流入国家（地区）。即按对外直接投资的子公司、联营公司、分支机构所在国家（地区）统计。

（3）境内投资者与境外企业的行业分类的界定

境内投资者根据中华人民共和国《国民经济行业分类》(GB/T 4754-2011，见附录一)，按销售收入份额最大的产品的所属行业确定其行业类别。

境外企业分类参照中华人民共和国《国民经济行业分类》(GB/T 4754-2011)执行。

（4）货币转换和计价原则

境内投资者调查表(FDIN1表)，填报的内容以人民币为货币单位；其余报表的金额单位均以美元作为统一货币单位。以非美元计价的，须按照国家外汇管理局制定的《各种货币对美元内部统一折算率表》规定的折算率折合为美元。

经营活动有关指标（如：营业收入、出口总值、进口总值等）按实际交易价即以市场价值作为计价基础；资产、负债、权益等存量指标按帐面价值计算。

（5）报告年份的界定

本制度各项统计报表数据均按日历年度上报；以财政年度反映的境外企业的数据须调整为日历年度或按最近一期财政年度报表的数据填报，并在报表中加以说明。

（6）其他统计界定

A．凡境内投资者在境外企业中拥有或控制10%或以上的投票权（对公司型企业）或其他等价利益（对非公司型企业）的投资，均计入对外直接投资统计。

B. 为承担对外承包工程项目而设立的项目公司或代表处纳入对外直接投资统计范畴。

C. 子公司获得由境内直接投资者担保的借款，不计入对外直接投资统计。

D. 参加国际组织的投资不计入对外直接投资统计。

E. 以提供技术并收取管理费的跨境服务不计入对外直接投资统计。

F. 境外企业若被其他国家企业收、并购，记作境内投资者对外投资的减少。

G. 若境外企业中有多家境内投资者，且均拥有10%以上的股份，可作为上报单位分别报送按股权比例计算的相应指标。

H. 境外企业对境内投资者投资控股比例大于或等于10%不计入反向投资。

I. 报告年度通过追加投资等方式达到控制企业10%或以上的投票权的境外企业纳入报告年度的对外直接投资统计，追加投资金额记作当期的对外直接投资的增加，累计直接投资净额金额（即存量）按其持股比例计算的所有者权益部分计算。

J. 分支机构的投资额按其固定资产投资（包括土地、建筑物等不可移动的资产）金额统计。

K. 境内投资者之间以股权置换的方式获得境外企业10%以上股权记入当期对外直接投资的增加，由于股权置换而丧失或减少境外企业股权，记入当期对外直接投资的减少。

L. 境内银行（或存款公司）放在其境外支行或子公司内的存款不属于直接投资。

M. 境内银行（或存款公司）通过境外支行或子公司吸收的存款不属于直接投资。

N. 境内保险公司在境外设立的保险公司的技术储备（即：为防范现有风险的实际储备，提前支付的保费，赢利保险业务储备，以及未决索赔的准备金）不属于直接投资。

2013 Statistical Bulletin of China's Outward Foreign Direct Investment

Ministry of Commerce of the People's Republic of China
National Bureau of Statistics of China
State Administration of Foreign Exchange

Contents

2013 Statistical Bulletin of China's Outward Foreign Direct Investmentnt

2013 Statistical Bulletin of China's Outward Foreign Direct Investment

The world economy was still in a period of adjustment in 2013, and the global foreign direct investment (outflows) rose slightly, with an annual growth rate of 1.4%. The Chinese government proactively promoted foreign investment facilitation, and made continuous improvement in building the "going global"policy system, the service guarantee system and the risk control system, thus led to growing strength of Chinese enterprises multinational management. In 2013, with its outward foreign direct investment (FDI) exceeding $100 billion for the first time, China maintained its position as the third largest outward investor in the world for a second consecutive year.

1. Overview of China's Outward FDI in 2013

1.1 China's outward FDI net flows (hereinafter referred to as 'flows') in 2013 reached $107.84 billion, increased by 22.8% compared to the previous year. Among the flows, $30.73 billion was incremental equity investment, $38.32 billion was reinvested earnings and $38.79 billion was other investment, accounting for 28.5%, 35.5% and 36% of the total respectively.

By the end of 2013, 15.3 thousand① Chinese domestic investors had established 25,400 FDI enterprises (hereinafter referred to as 'overseas enterprises')in 184 countries (regions) globally. The total assets of overseas enterprises had been almost $3 trillion. The accumulated outward FDI net stock (hereinafter referred to as 'stock') had reached$660.48 billion. Among the stock, $205.99 billion had been equity investment, $263.35 billion had been reinvested earnings and $191.14 had been other investment, accounting for 31.2%,

① 15.3 thousand domestic investing entities refers to the number of domestic first-class investment entities（parent companies）.

39.9% and 28.9% of the total respectively.

Chart 1 Structure of China's Outward FDI Flows and Stock, 2013

(Billions of Dollars)

Category	Flows			Stock	
	Amount	Year-on-Year Growth Rate (%)	Share (%)	Amount	Share (%)
Total	**107.84**	**22.8**	**100.0**	**660.48**	**100.0**
Financial Sector	15.10	50.0	14.0	117.08	17.7
Non-financial Sector	92.74	19.3	86.0	543.40	82.3

Note: 1. Financial sector refers to domestic investors' outward FDI in foreign financial sector, and non-financial sector refers to domestic investors' outward FDI in foreign non-financial sector.
2. Data about flows in non-financial sector and that in MOFCOM 2013 Express ($90.17 billion) mainly differed in the reinvested earnings.

The World Investment Report 2014 by UNCTAD showed that, global FDI outflows reached $1.41 trillion in 2013, and the stock had accumulated to $26.31 trillion by the end of 2013. Based on this report, China's outward FDI flows and stock in 2013 accounted for a share of 7.6% and 2.5% globally. China ranked 3rd among all countries (regions) in terms of outward FDI flows, with an increase of 1.3 percentage points, and 11th in terms of stock.

Graph 1 Outward FDI Flows of China and Other Major Countries(Regions),2013

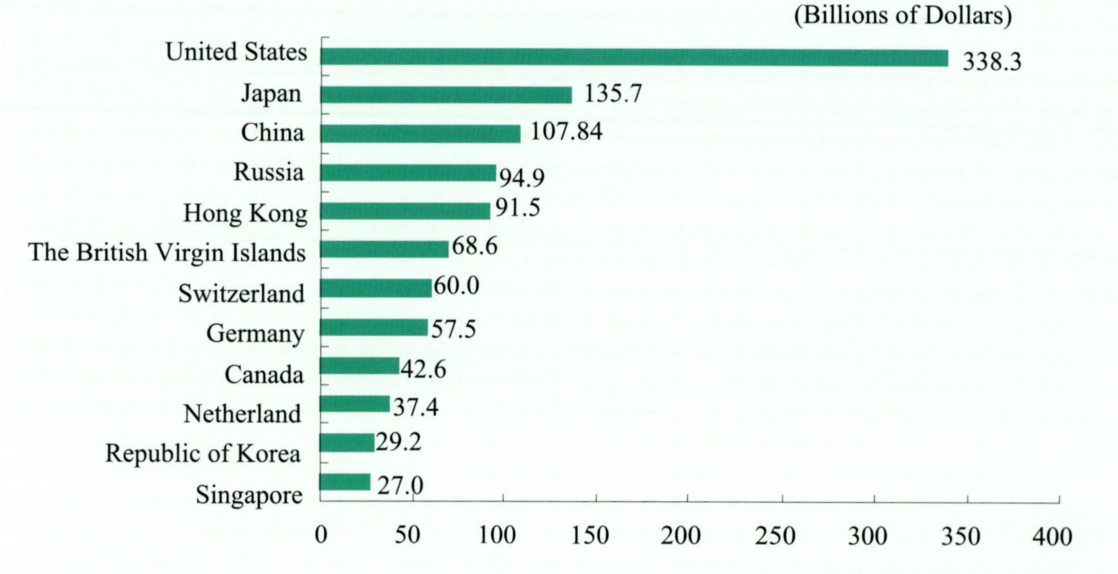

Note: Data about China's outward FDI is based on MOFCOM statistics, and data about other countries (regions) is based on World Investment Report 2014 by UNCTAD,similarly hereinafter.

Graph 2 Outward FDI Stock of China and Other Major Countries(Regions),2013

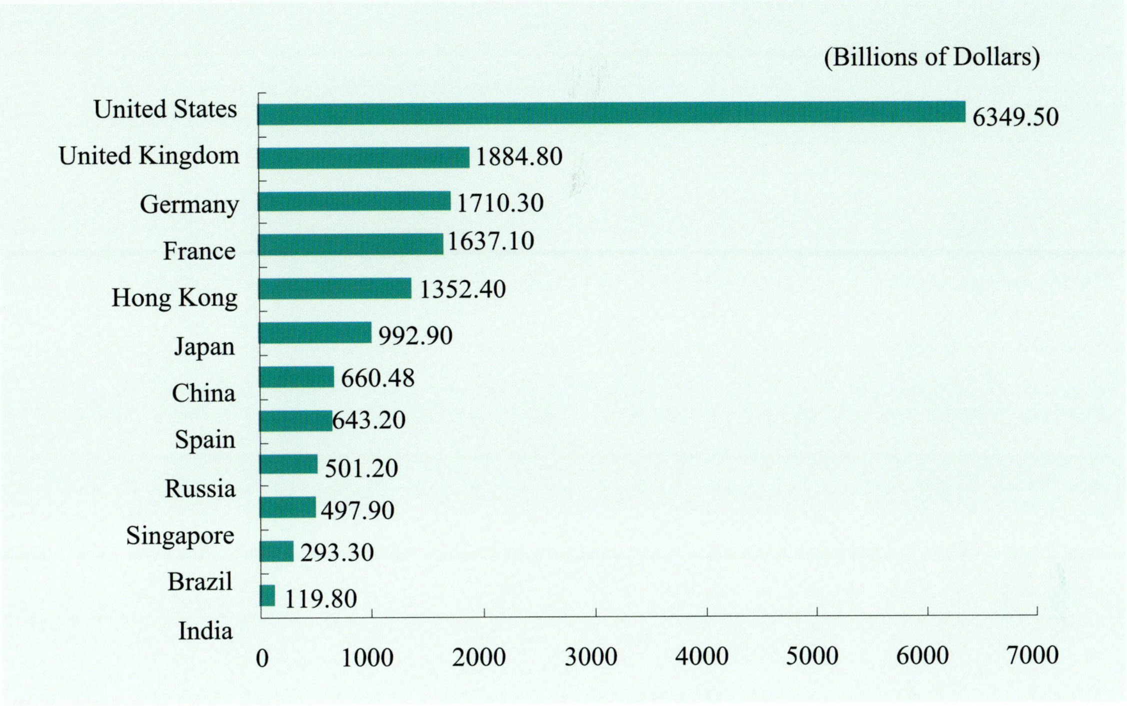

1.2 China's financial outward FDI flows reached $15.1 billion, among which $7.48 billion went to the monetary financial services sector(the former banking industry), taking up a share of 49.5%.

By the end of 2013, the financial outward FDI Stock had reached $117.08 billion, among which $70.92 billion had gone to the monetary financial services category, $7.47 billion had gone to insurance industry; $4.31 billion had gone to capital market services (the former securities industry) and $34.38 billion had fallen under other financial industries, accounting for 60.6%, 6.4%, 3.7% and 29.3% of the total, respectively. The total assets of overseas Financial enterprises reached $1.32 trillion.

By the end of 2013, China's state-owned commercial banks [2] had established 61 branch offices, 49 affiliated institutions in 35 countries and regions including the United States, Japan and the United Kingdom. These overseas enterprises had employed 40,000 staffs, 38,000of whom had been of foreign nationalities, taking up a share of 95%. By the end of 2013, China had established 10 overseas insurance agencies.

1.3 The non-financial outward FDI flows reached $92.74 billion in 2013, with a year-on-year increase of 19.3%. The sales income of overseas enterprises increased 14.5% to $1426.8 billion. Domestic investors

② China's state-owned banks include Bank of China, Agricultural Bank of China, Industrial and Commercial Bank of China, China Construction Bank and Bank of Communications.

achieved a total of $416.7 billion exports and imports through overseas enterprises, with a year-on-year increase of 11.6%.The imports amounted to $307.8 billion and the exports amounted to 108.9 billion, with annual growth rates of 4.6% and 38% respectively.

By the end of 2013,the non-financial FDI stock had reached 543.4 billion, and the total assets of overseas enterprises had reached $1.66 trillion.

1.4 In 2013, the total taxes and duties paid to the countries where the investment was to be reached $37 billion. The overseas enterprises had employed 1967 thousand staffs, 967 thousand of whom were of foreign nationalities and 102 thousand were from developed countries.

Chart 2 China's Annual Outward FDI Flows and Stock since the Establishment of Outward FDI Statistics System

(Billions of Dollars)

Year	Flows		Stock
	Amount	Year-on-Year Growth Rate(%)	
2002	2.70	—	29.90
2003	2.85	5.6	33.20
2004	5.50	93	44.80
2005	12.26	122.9	57.20
2006	21.16	43.8	90.63
2007	26.51	25.3	117.91
2008	55.91	110.9	183.97
2009	56.53	1.1	245.75
2010	68.81	21.7	317.21
2011	74.65	8.5	424.78
2012	87.80	17.6	531.94
2013	107.84	22.8	660.48

Note: 1. Data for 2002-2005 includes only non-financial outward FDI, and data for 2006-2013 includes outward FDI in all industries.

2. Annual growth rate for 2006 refers to that of non-financial outward FDI.

2. Characteristics of China's Outward FDI

2.1 Characteristics of China's Outward FDI Flows in 2013

2.1.1 The flows exceeded $100 billion for the first time, and China maintained its position as the third largest outward investor in the world.

In 2013, with the weak global industrial production and trade, as well as the sustained volatility of international financial market, the world economic growth rate continued to fall slightly. Global FDI was relatively active, with its inflows and outflows increased by 9% and 1.4% respectively compared to the previous year.The outward FDI of China had continuously gained momentum since ranked 3rd among largest outward investors in the world in 2012 for the first time. It hit another historic high in 2013, with $107.84 billion and a growth rate of 22.8%, making China the third largest outward investor in the world for a second consecutive year. Since China's relevant departments released the annual data authoritatively in 2003, China's outward FDI had continuously increased for 11 years, with an average annual growth rate of 39.8% between 2002 and 2013.

Graph 3 Outward FDI Flows of China,1993-2013

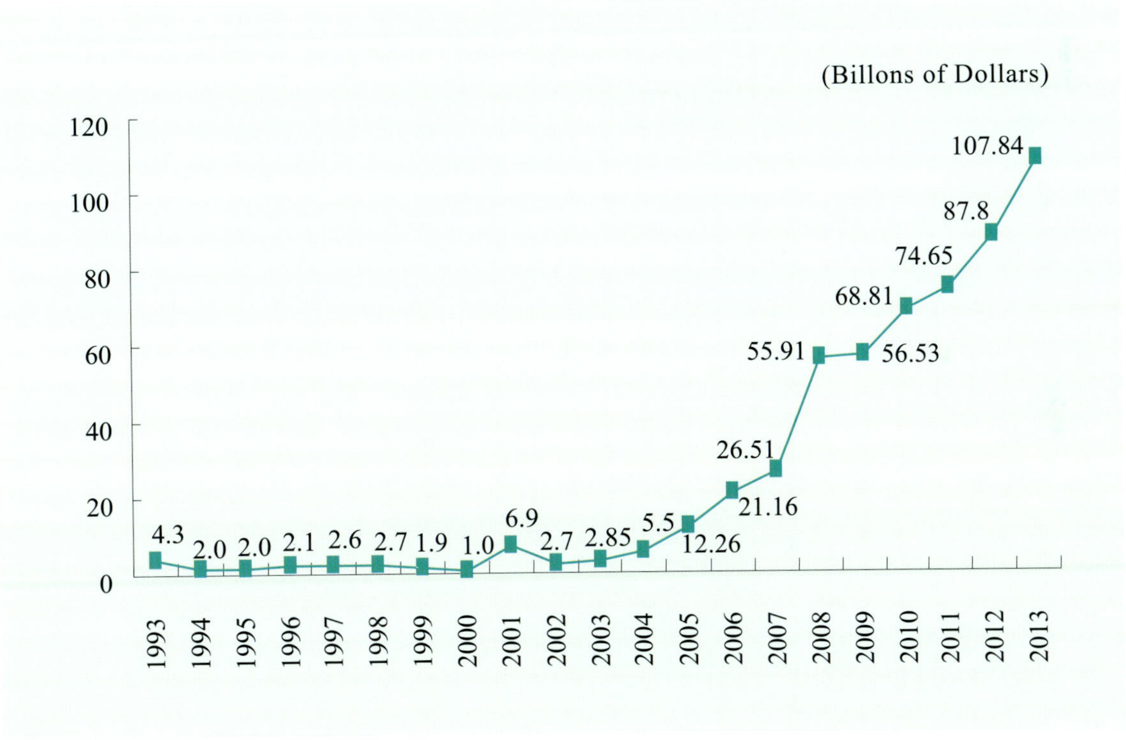

Note: Data for 1993-2001 is based on World Investment Report by UNCTAD, and data for 2002-2013 is based on MOFCOM statistics.

2.1.2 M&As were conducted in diversified industries, and the amount of a single large deal hit a historic high.

In 2013, Chinese enterprises conducted 424 outward M&As in 70 countries (regions), with an actual transaction amount of 52.9 billion. Among the actual transaction amount, $33.79 billion was direct investment ③, accounting for 31.3% of China's total outward FDI, and $19.11 billion was overseas financing, accounting for 36.1% of the M&As amount. Chinese enterprises' M&As were carried out in 16 industrial categories, including mining, manufacturing, real estate, leasing and business service, information transmission, software and IT services, and wholesale and retail trade. CNOOC's acquisition of 100% stake in Nexen (Canada) with $14.8 billion has been Chinese enterprises' largest overseas M&A so far.

Chart 3 Industrial Distributions of China's M&As, 2013

(Billions of Dollars)

Industry	QTY	Actual Transaction Amount	Share (%)
Mining	43	34.23	64.7
Manufacturing	129	7.32	13.8
Real Estate	13	3.08	5.8
Leasing and Business Services	46	2.19	4.1
Information Transmission、Software and IT Services	23	2.19	4.1
Wholesale and Retail Trade	88	1.14	2.2
Hospitality and Catering	5	0.77	1.5
Agriculture / forestry / animal husbandry and fishery	23	0.59	1.1
Culture / Sports and Entertainment	8	0.48	0.9
Production and Supply of Electricity / heat / gas and water	11	0.35	0.7
Scientific Research and Technical Services	16	0.31	0.6
Resident services, Repair and Other Services	11	0.18	0.3
Construction	2	0.02	
Water Conservancy / Environment and Public Facility Management	2	0.02	0.2
Finance	1	0.02	
Transport / storage and post	3	0.01	
Total	**424**	**52.90**	**100.0**

Note: Shuanghui International's acquisition of 100% stake of Smithfield Foods (United States) with $7.1 billion in 2013 falls outside the scope of China's outward FDI statistics.

③ Direct Investment refers to domestic investors or their overseas enterprises' M&As, which are financed by domestic investors' own funds and domestic bank loans (excluding foreign loans guaranteed by domestic investors).

Chart 4 China's M&As via Direct Investment, 2004-2013

(Billions of Dollars)

Year	Amount of M&As	Year-on-Year Growth Rate(%)	Share (%)
2004	3.0	—	54.5
2005	6.5	116.7	53.0
2006	8.3	26.9	39.0
2007	6.3	-23.6	23.8
2008	30.2	379.4	54.0
2009	19.2	-36.4	34.0
2010	29.7	54.7	43.2
2011	27.2	-8.4	36.4
2012	43.4	—	31.4
2013	52.9	21.9	31.3

Note: Amount of M&As for 2012 and 2013 include overseas financing, and the share refers to the proportion of direct investment in total flows.

2.1.3 The share of the equity investment dropped, while that of reinvested earnings increased by 10%.

In 2013, incremental equity investment was $30.73 billion, with a year-on-year decrease of 1.3%, accounting for 28.5% of the total flows, and the share decreased 7 percentage points compared to the previous year. Reinvested earnings were $38.32 billion, with a year-on-year increase of 70.5%, accounting for 35.5%, and the share increased 9.9 percentage points compared to the previous year. Other investment was $38.79 billion, with a year-on-year increase of 13.5%, accounting for 35.9%.

Chart 5 Structure of China's Outward FDI Flows, 2013

(Billions of Dollars)

Year	Flows	Incremental Equity		Reinvested Earnings		Other Investment	
		Amount	Share (%)	Amount	Share (%)	Amount	Share(%)
2006	21.16	5.17	24.4	6.65	31.4	9.34	44.2
2007	26.51	8.69	32.8	9.79	36.9	8.03	30.3
2008	55.91	28.36	50.7	9.89	17.7	17.66	31.6
2009	56.53	17.25	30.5	16.13	28.5	23.15	41.0
2010	68.81	20.64	30.0	24.01	34.9	24.16	35.1
2011	74.65	31.38	42.0	24.46	32.8	18.81	25.2
2012	87.80	31.14	35.5	22.47	25.6	34.19	38.9
2013	107.84	30.73	28.5	38.32	35.5	38.79	36.0

Graph 4 Structure of China's Outward FDI,2006-2013

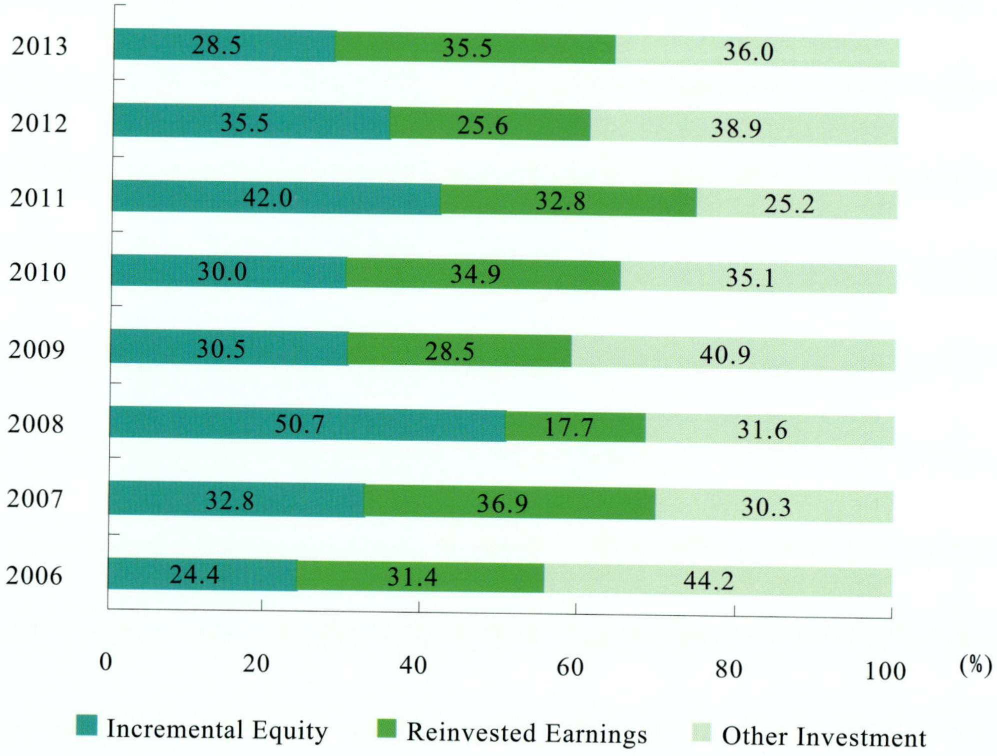

2.1.4 Flows in each major industry exceeded \$10 billion, and industries such as mining, finance and real estate were leading ones in terms of growth rate.

In 2013, each of the 4 industrial categories received more than \$10 billion outward FDI flows from China, and the amount accumulated to \$81.62 billion, accounting for 75.7% of the total.

Leasing and Business Services (investment holding as the primary purpose) received \$27.06 billion, accounting for 25.1%, with a year-on-year increase of 1.2%.

Mining received \$24.81 billion, accounting for 23%, with a year-on-year increase of 83.2%. The flows were mainly concentrated in oil and gas exploration industry, non-ferrous metal mining industry, coal mining and washing industry, and ferrous metal mining industry.

Finance received \$15.1 billion, accounting for 14%, with a year-on-year increase of 50%.

Wholesale and Retail Trade received \$14.65 billion, accounting for 13.6%, with a year-on-year increase of 12.3%.

Graph 5 Major Industries Receiving China's Outward FDI Flows,2013

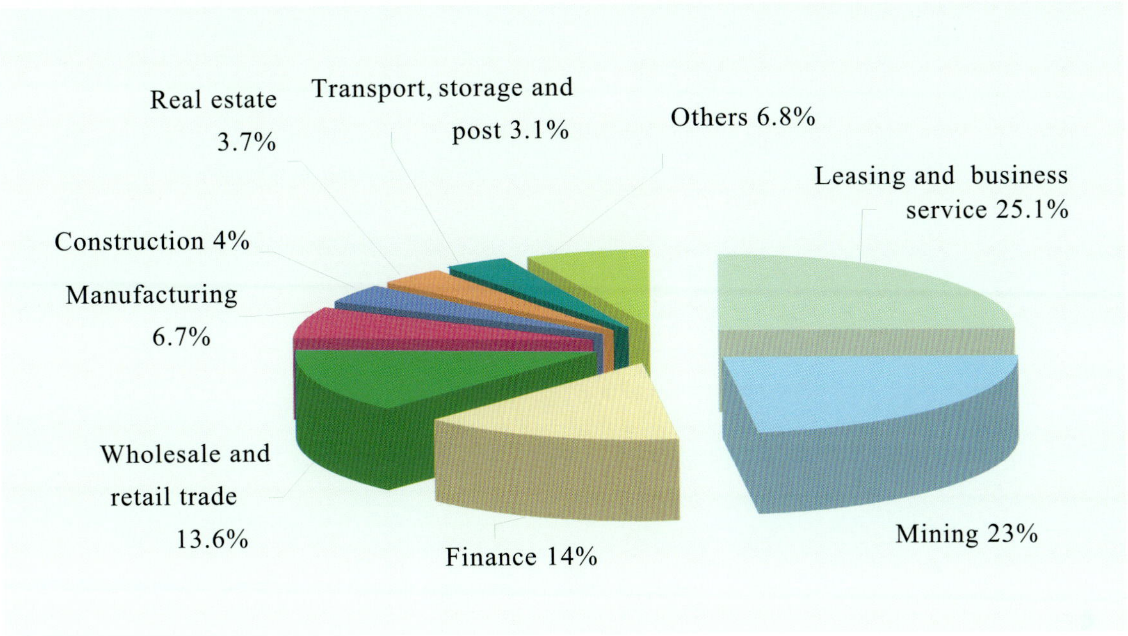

In terms of the growth of FDI flows in each industry category, besides of above-mentioned mining and finance that achieved growth rates of over 50% respectively, flows in real estate reached $3.95 billion, with a year-on-year increase of 95.9%; flows in construction reached $4.36 billion, with a year-on-year increase of 34.5%;flows in agriculture / forestry / animal husbandry and fishery reached $1.81 billion, with a year-on-year increase of 24.1%;flows in scientific research and technical services reached $1.79 billion, with a year-on-year increase of 21.2%.

Among the top ten industry categories in terms of flows, manufacturing was the only one that witnessed a negative growth. Flows in manufacturing stood at $7.2 billion, with a year-on-year decrease of 17%, accounting for 6.7% of the total. The flows were mainly distributed in industries such as automotive, electrical machinery and equipment, ferrous metal smelting and rolling processing, metal product, computer/ communication and other electronic equipment, special equipment, textile, food, and chemical and chemical product.

Graph 6 Industrial Distribution of China's Outward FDI Flows,2013

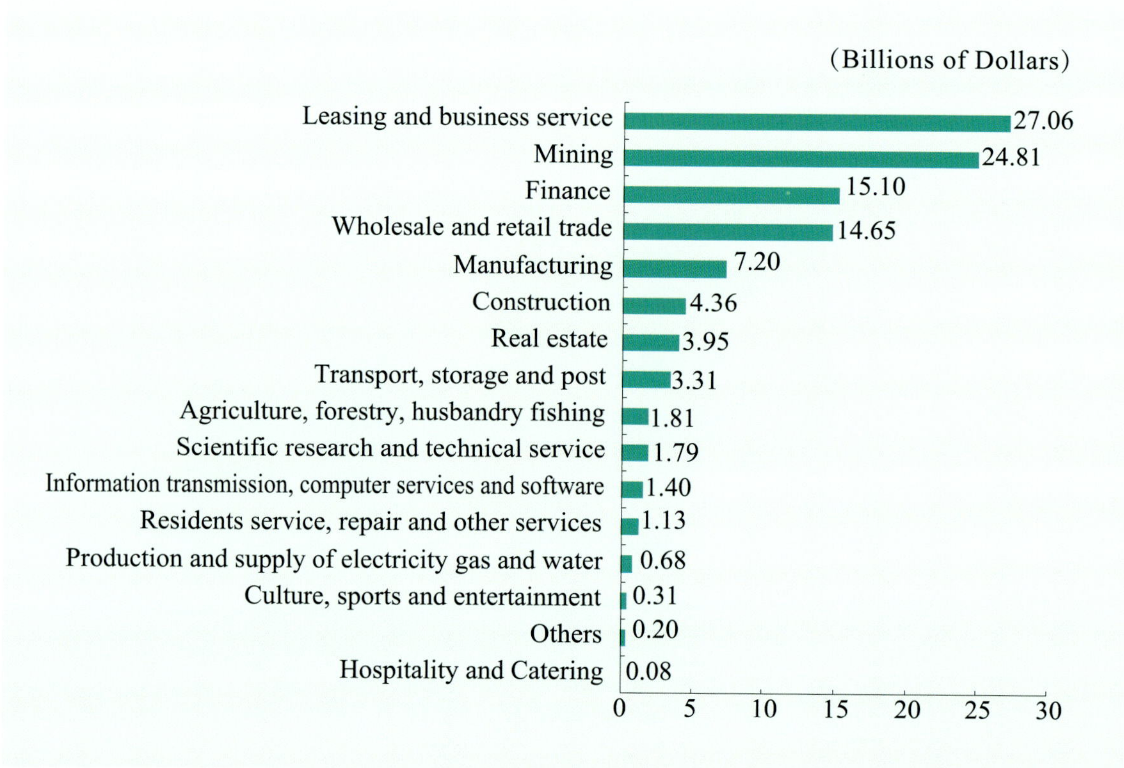

2.1.5 Flows to developing economies grew rapidly, while those to transition economies largely declined.

In 2013, flows to developing economies stood at $91.73 billion, accounting for 85.1% of the total, with a year-on-year increase of 31%. Among the flows, $7.267 billion went to ASEAN, with a year-on-year growth rate of 19.1%; $13.83 billion went to developed economies, with a year-on-year increase of 2.4%, accounting for 12.8% of the total; $2.28 billion went to transition economies, with a year-on-year decrease of 46.8%. China's outward FDI flows to Kazakhstan reached as high as $2.996 billion in 2012, accounting for 70% of the flows to transition economies. Flows to Kazakhstan were only $0.811 billion in 2013, with a year-on-year decrease of 72.9%. However, China's outward FDI flows to Georgia, Russia and Kyrgyzstan achieved relatively high growth rates of 59.5%, 30.2% and 26%, respectively.

Chart 6 Structure of China's Outward FDI Flows to Economies, 2013

(Billions of Dollars)

Economy	Amount	Year-on-Year Growth Rate (%)	Share(%)
Developed Economies	13.83	2.4	12.8
Developing Economies	91.73	31.0	85.1
Transition Economies	2.28	-46.8	2.1
Total	**107.84**	**22.8**	**100.0**

Note: Classification of economies is based on World Investment Report by UNCTAD.

Chart 7 China's Outward FDI to Developed Economies, 2013

(Millions of Dollars)

Economy	Flows	Year-on-Year Growth Rate (%)
European Union	4,523.50	-26.1
United States	3,873.43	-4.3
Canada	1,008.65	26.8
Australia	3,457.98	59.1
Japan	434.05	106.1
New Zealand	190.40	102.4
Norway	196.29	2,212.0
Switzerland	128.26	1,384.5
Israel	1.89	-83.7
Bermuda	18.93	-51.5
Total	**13,833.38**	**2.4**

Chart 8 China's Outward FDI to Transition Economies, 2013

(Millions of Dollars)

Economy	Flows	Share (%)
South-East Europe	12.06	431.3
Commonwealth of Independent States	2,154.09	-48.8
Georgia	109.62	59.5
Total	**2,275.77**	**-46.8**

Note: South-Eastern Europe includes the Republic of Albania, Bosnia and Herzegovina, Serbia, Montenegro and Macedonia; CIS include: Armenia, Azerbaijan, Belarus, Kyrgyzstan, Moldova, Russia, Ukraine, Tajikistan, Kazakhstan, Turkmenistan and Uzbekistan Stein.

2.1.6 Flows to Hong Kong (China), the Cayman Islands, the British Virgin Islands and Luxembourg largely increased.

In 2013, the total outward FDI to Hong Kong (China), Cayman Islands, the British Virgin Islands and Luxembourg amounted to $76.574 billion, increased by 38.6% compared to $55.246 billion in the previous year, with their share in top 20 countries (regions) in terms of flows rose from 69.9% to 78.9%, accounting for 71% of the total outward FDI flows. The overseas enterprises established by China's enterprises and located in the above-mentioned countries (regions) were mainly distributed in business services, and most of the major M&A projects in 2013 were conducted through reinvestment of these overseas enterprises. Each of the following countries (regions) received more than $1 billion FDI flows from China:

Hong Kong (China) received $62.824 billion, accounting for 58.3% of the total. The flows were mainly concentrated in leasing and business services, finance, wholesale and retail trade, mining, transport / storage and post, real estate, and manufacturing.

The Cayman Islands received $9.253 billion, accounting for 8.6% of the total. The flows were mainly concentrated in business services.

The United States received $3.873 billion, accounting for 3.6% of the total. The flows were mainly concentrated in mining, real estate, manufacturing, wholesale and retail trade, transport / storage and post, leasing and business services, scientific research and technical services, construction, etc.

Australia received $3.458 billion, accounting for 3.2% of the total. The flows were mainly concentrated in mining, real estate, leasing and business services, wholesale and retail trade, finance, production and supply of electricity / heat / gas and water, manufacturing, and agriculture / forestry / animal husbandry and fishery.

The British Virgin Islands received $3.222 billion, accounting for 3% of the total. The flows were mainly concentrated in business services.

Singapore received $2.033 billion, accounting for 1.9% of the total. The flows were mainly concentrated in wholesale and retail trade, finance, production and supply of electricity / heat / gas and water, business services, construction, agriculture / forestry / animal husbandry and fishery, mining, manufacturing, etc.

Indonesia received $1.563 billion, accounting for 1.5% of the total. The flows were mainly concentrated in mining, production and supply of electricity / heat / gas and water, manufacturing, finance, construction, and agriculture / forestry / animal husbandry and fishery.

United Kingdom received $1.42 billion, accounting for 1.3% of the total. The flows were mainly concentrated in manufacturing, finance, wholesale and retail trade, and business services.

Luxembourg received $1.275 billion, accounting for 1.2% of the total. The flows were mainly concentrated in finance, business services, mining, production and supply of electricity / heat / gas and water, wholesale and retail trade, etc.

Russia received $1.022 billion, accounting for 0.9% of the total. The flows were mainly concentrated in agriculture / forestry / animal husbandry and fishery, mining, manufacturing, finance, and wholesale and retail trade.

Canada received $1.009 billion, accounting for 0.9% of the total. The flows were mainly in mining, finance, real estate, manufacturing, and resident services.

Chart 9 Top 20 Countries (Regions) as Destinations for China's Outward FDI Flows, 2013

(Billions of Dollars)

No.	Countries(Regions)	Flows	Share (%)
1	Hong Kong (China)	62.824	58.3
2	Cayman Islands	9.253	8.6
3	United States	3.873	3.6
4	Australia	3.458	3.2
5	British Virgin Islands	3.222	3.0
6	Singapore	2.033	1.9
7	Indonesia	1.563	1.5
8	United Kingdom	1.420	1.3
9	Luxembourg	1.275	1.2
10	Russia	1.022	0.9
11	Canada	1.009	0.9
12	Germany	0.911	0.8
13	Kazakhstan	0.811	0.8
14	Laos	0.781	0.7
15	Thailand	0.755	0.7
16	Iran	0.745	0.7
17	Malaysia	0.616	0.6
18	Zimbabwe	0.518	0.5
19	Cambodia	0.499	0.4
20	Vietnam	0.481	0.4
	Total	**97.069**	**90.0**

2.1.7 Flows to all other regions achieved varying degrees of growth, except for Europe.

In 2013, China's outward FDI flows to Europe stood at $5.95 billion, with a year-on-year decrease of 15.4%, accounting for 5.5% of the total. The flows were mainly distributed in the United Kingdom, Luxembourg, Russia, Germany, the Netherlands, France, Norway, Sweden, etc.

Latin America received $14.36 billion, with an annual growth rate as high as 132.7%, accounting for 13.3% of the total. The flows were mainly distributed in the Cayman Islands, the British Virgin Islands, Ecuador, Venezuela, and Brazil, among which the Cayman Islands and the British Virgin Islands as tax havens received $12.475 billion, accounting for 86.9% of the total flows to Latin America.

Oceania received $3.66 billion, with a year-on-year increase of 51.6%, accounting for 3.4% of the total. The flows were mainly distributed in Australia, New Zealand, Fiji, and Papua New Guinea.

Africa received $3.37 billion, with a year-on-year increase of 33.9%, accounting for 3.2% of the total. The flows were mainly distributed in Zimbabwe, Zambia, Kenya, Angola, Nigeria, Algeria, Tanzania and Sudan. In 2013, China's outward FDI flows to Africa were widely distributed in 17 industry categories such as construction, mining, manufacturing, scientific research and technical services, agriculture / forestry / animal husbandry and fishery, and culture / sports and entertainment.

Chart 10 Industrial Distribution of China's Outward FDI Flows to Africa, 2013

(Millions of Dollars)

Industry	Flows	Share (%)
Construction	1,239.40	36.8
Mining	831.76	24.7
Manufacturing	509.44	15.1
Scientific Research and Technical Services	448.44	13.3
Agriculture / forestry / animal husbandry and fishery	167.26	5.0
Culture / Sports and Entertainment	152.30	4.5
Wholesale and Retail Trade	95.09	2.8
Leasing and Business Services	68.10	2.0
Real Estate	32.84	1.0
Production and Supply of Electricity / heat / gas and water	20.76	0.6
Transport / storage and post	6.25	0.2
Water Conservancy / Environment and Public Facility Management	2.00	0.1
Health and Social Work	1.19	
Information Transmission、Software and IT Services	0.55	
Resident services, Repairs and Other Services	0.44	
Hospitality and Catering	0.41	
Finance	-205.59	-6.1
Total	**3,370.64**	**100.0**

Asia received $75.6 billion, with a year-on-year increase of 16.7%, accounting for 70.1% of the total.

The flows were mainly distributed in Hong Kong (China), Singapore, Indonesia, Kazakhstan, Laos, Thailand, Iran, Malaysia, and Cambodia. Among the FDI flows to Asia, 83.1% went to Hong Kong (China).

North America received $4.9 billion, slightly increased by 0.4% compared to the previous year, accounting for 4.5% of the total. The flows were mainly distributed in the United State and Canada.

Graph 7 Geographical Distribution of China's Outward FDI Flows,2013

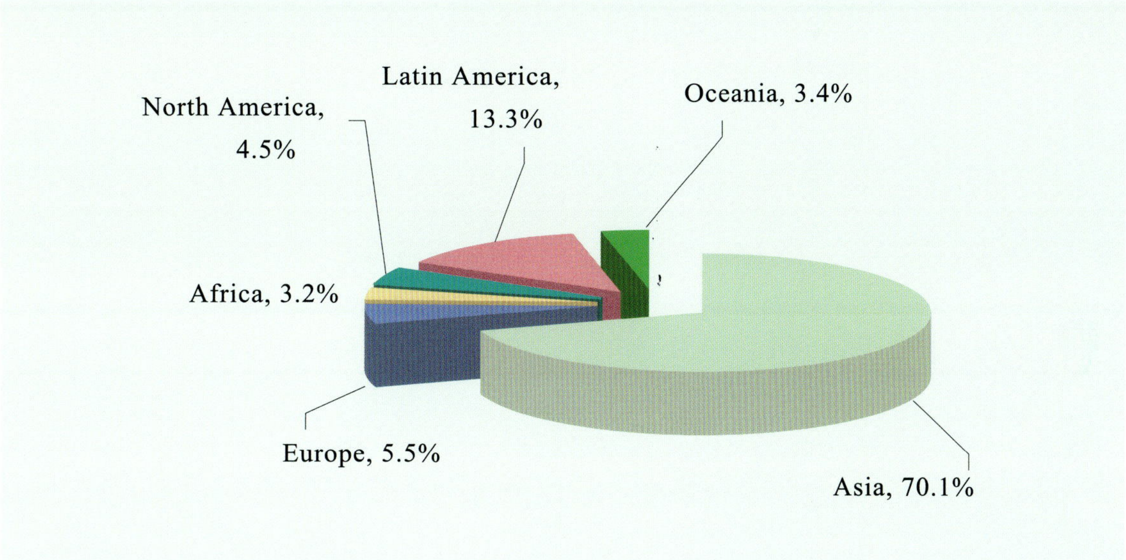

Chart 11 Geographical Distribution of China's Outward FDI Flows, 2013

(Billions of Dollars)

Continent	Amount	Year-on-Year Growth Rate (%)	Share (%)
Asia	75.60	16.7	70.1
Latin America	14.36	132.7	13.3
Europe	5.95	-15.4	5.5
North America	4.90	0.4	4.5
Oceania	3.66	51.6	3.4
Africa	3.37	33.9	3.2
Total	**107.84**	**22.8**	**100.0**

2.1.8 China's local outward FDI grew steadily, and the top three provinces (municipalities) were Guangdong, Shandong and Beijing.

In 2013, China's local non-financial outward FDI flows reached $36.415 billion, with a year-on-year increase of 6.5%, accounting for 39.3% of China's total non-financial outward FDI flows. Among the local non-financial outward FDI flows, $29.224 billion was from East China, with a year-on-year increase of 14.8%; $3.536 was from Central China, with a year-on-year increase of 9.6%; $3.655 billion was from West China, with a year-on-year decrease of 33.9%. Guangdong, Shandong, Beijing, Jiangsu, Shanghai, Zhejiang, Liaoning, Tianjin, Fujian and Hebei were top 10 provinces (municipalities) in terms of local outward FDI flows, from which a total of $26.881 billion outward FDI flows were achieved, accounting for 73.8% of the China's total local outward FDI flows. Among the provinces (municipalities), Beijing, Tianjin and Hebei enjoyed high growth rates of 144.5%, 66% and 60.5%, respectively.

Chart 12 Regional Distribution of China's Local Outward FDI Flows, 2013

(Billions of Dollars)

Regions	Flows	Year-on-Year Growth Rate (%)
East China	29.224	14.8
Central China	3.536	9.6
West China	3.655	-33.9
Total	**36.415**	**6.5**

Note: 1. Central China includes six provinces, namely, Shanxi, Anhui, Jiangxi, Henan, Hubei and Hunan.
2. West China includes Inner Mongolia, Guangxi, Sichuan, Chongqing, Guizhou, Yunnan, Shaanxi, Gansu, Qinghai, Ningxia, Xinjiang and Tibet.

Chart 13 Top 10 Provinces (Municipalities) in Terms of Local Outward FDI Flows, 2013

(Billions of Dollars)

No.	Province (Municipality)	Flows
1	Guangdong	5.943
2	Shandong	4.265
3	Beijing	4.130
4	Jiangsu	3.020
5	Shanghai	2.675
6	Zhejiang	2.553
7	Liaoning	1.295
8	Tianjin	1.120
9	Fujian	0.952
10	Hebei	0.928
	Total	**26.881**

2.1.9 In terms of domestic investor registration types, the share of state-owned enterprises decreased to 40%.

In 2013, the non-financial outward FDI reached $92.74 billion, among which state-owned enterprises took a share of 43.9%, limited liability companies 42.2%, incorporated companies 6.2%, joint-stock cooperative enterprises 2.2%, private enterprises 2%, foreign-invested enterprises 1.3%, and enterprises of other types 2.2%.

2.2 Characteristics of China's Outward FDI Stock by the End of 2013

2.2.1 China had moved forward by two positions on the list, with relatively huge gap remained between China and the developed countries.

By the end of 2013, China's outward FDI stock had reached $660.48 billion. In terms of outward FDI stock, China had ranked No.11 in the world and surpassed another two countries, Italy and Spain, compared to the previous year. Despite of its high growth, China's outward FDI started late, with its stock far less than that of developed countries, only equivalent to 10.4%, 35%, 38.6%, 40.3% and 66.5% respectively of the stock of the United States, the United Kingdom, Germany, France and Japan during the same period.

Graph 8 China's Outward FDI Stock, 2002-2013

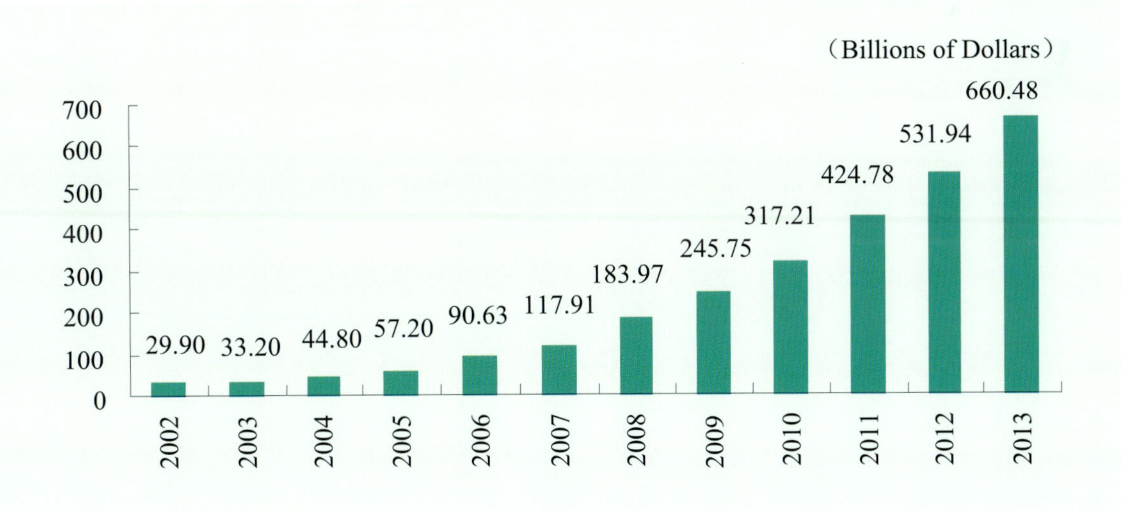

Chart 14 Top 10 Countries (Regions) as Sources of Global Outward FDI Stock, by the End of 2013

(Billions of Dollars)

Ranking	Countries (Regions)	Stock	China's Stock Equivalent to(%)
1	United States	6,349.51	10.4
2	United Kingdom	1,884.82	35.0
3	Germany	1,710.30	38.6
4	France	1,637.14	40.3
5	Hong Kong (China)	1,352.35	48.8
6	Switzerland	1,259.37	52.4
7	Netherlands	1,071.82	61.6
8	Belgium	1,009.00	65.5
9	Japan	992.90	66.5
10	Canada	732.42	90.2

Note: Data about China's outward FDI is based on MOFCOM statistics, and data about other countries (regions) is based on World Investment Report 2014 by UNCTAD.

Graph 9 Proportions of Outward FDI Stock of Global Major Economies, by the End of 2013

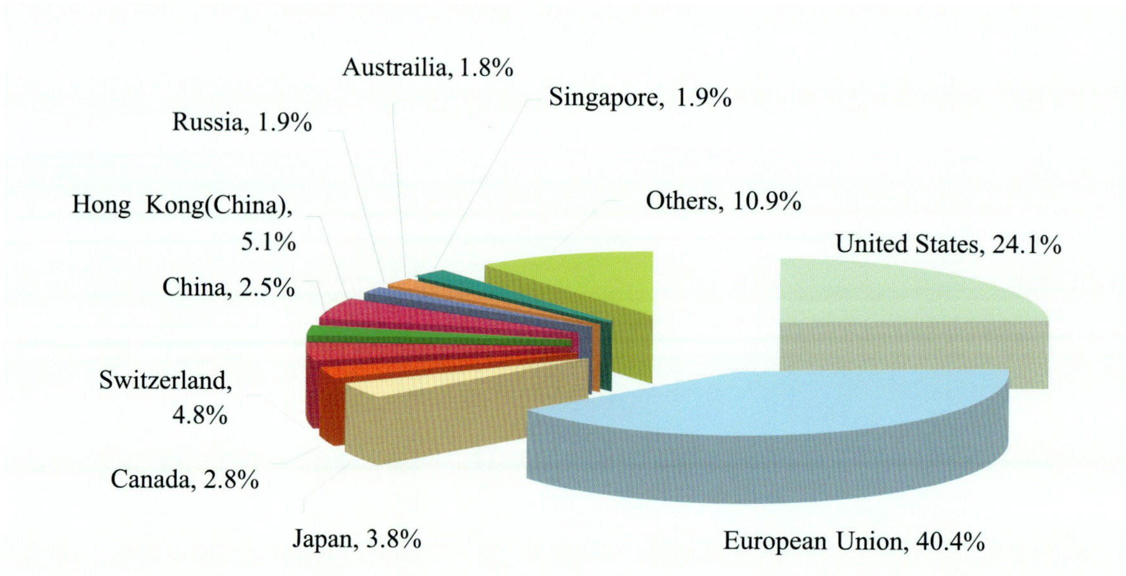

2.2.2 China's outward FDI had spread in markets across six continents in the world, with 80% of the stock concentrating in developing economies.

By the end of 2013, China's outward FDI had spread across 184 countries (regions), accounting for 79% of the total number of countries (regions) in the world. Maldives, Nicaragua, Kiribati, Belize and Burkina

Faso had been new destinations for China's outward FDI in 2013 compared to the previous year.

By the end of 2013, China's outward FDI stock in Asia had reached $447.41 billion, accounting for 67.7% of the total.The stock had been mainly concentrated in Hong Kong (China), Singapore, Kazakhstan, Indonesia, Myanmar, Macao (China), Mongolia, Iran, Cambodia, Laos, Thailand, India, Pakistan, Vietnam, etc. Among the stock, Hong Kong had accounted for 84.3% of China's outward FDI in Asia.

China's outward FDI stock in Latin America had reached $86.09 billion, accounting for 13% of the total. The stock had been mainly concentrated in the Cayman Islands, the British Virgin Islands, Venezuela, Brazil, Argentina, Ecuador, Peru, Mexico, etc. China's outward FDI stock in the Cayman Islands and the British Virgin Islands had accumulated to $76.22 billion, accounting for 88.5% of the stock in Latin America.

China's outward FDI stock in Asia and Latin America had reached $533.5 billion, accounting for 80.7% of the total stock by the end of 2013. The stock had spread in 75 countries (regions), however, accounting for only 40.8% of the number of countries (regions) in Asia and Latin America.

China's outward FDI stock in Europe had reached $53.16 billion, accounting for 8.1% of the total. The stock had been mainly concentrated in the United Kingdom, Luxembourg, Russia, Norway, France, Germany, the Netherlands, Sweden, Italy, etc.

China's outward FDI stock in Africa had reached $26.19 billion, accounting for 4% of the total. The stock had been mainly concentrated in South Africa, Zambia, Nigeria, Angola, Zimbabwe, Sudan, Algeria, Democratic Republic of the Congo, Mauritius, Ghana, Ethiopia, Tanzania, the Republic of Congo, Kenya, etc.

China's outward FDI stock in North America had reached $28.61 billion, accounting for 4.3% of the total. The stock had been mainly concentrated in the United States and Canada.

China's outward FDI stock in Oceania had reached $19.02 billion, accounting for 2.9% of the total. The stock had been mainly concentrated in Australia, New Zealand, Papua New Guinea, Fiji, Samoa, etc.

Graph 10 Geographical Distribution of China's Outward FDI Stock, 2013

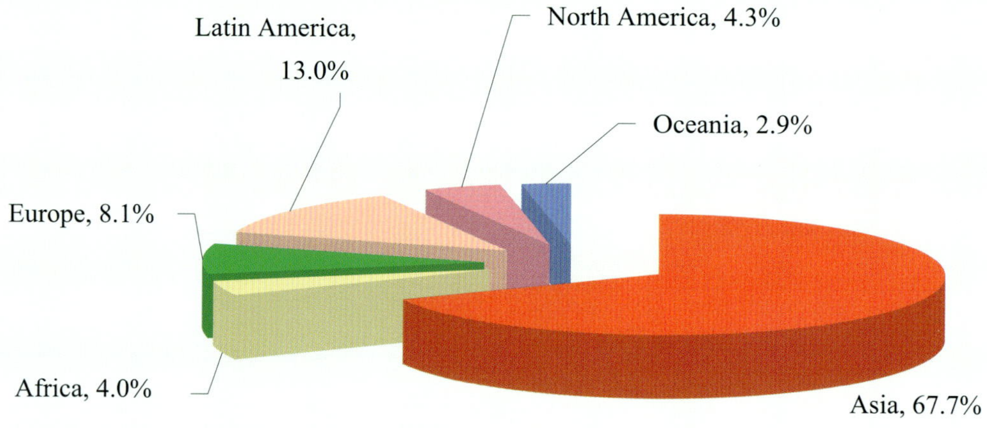

80% of China's outward FDI stock had been distributed in developing economies. By the end of 2013, China's outward FDI stock in developing economies had reached $549.72 billion, accounting for 83.2% of the total. That in developed economies had reached $93.7 billion, accounting for 14.2% of the total, increased by 0.5% compared to the previous year. Among the stock in developed economies, the European Union had received $40.097 billion, accounting for 42.8% of the total; the United States had received $21.9 billion, accounting for 23.4% of the total; Australia had received $17.45 billion, accounting for 18.6% of the total; Canada had received $6.196 billion, accounting for 6.6% of the total; Norway had received $4.772 billion, accounting for 5.1% of the total; Japan had received $1.898 billion, accounting for 2% of the total.

Chart 15 China's Outward FDI Stock in Developed Countries (Regions), by the End of 2013

(Billions of Dollars)

Economy	Stock	Share (%)
European Union	40.097	42.8
Norway	4.772	5.1
Switzerland	0.297	0.3
United States	21.900	23.4
Canada	6.196	6.6
Australia	17.450	18.6
New Zealand	0.542	0.6
Japan	1.898	2.0
Israel	0.034	0.0
Bermuda	0.514	0.6
Total	**93.700**	**100.0**

By the end of 2013, China's outward FDI stock in transition economies had reached $17.06 billion, accounting for 2.6% of the total. Among the stock in transition economies, Russia had received $7.582 billion, accounting for 44.4% of the total; Kazakhstan had received $6.957 billion, accounting for 40.8% of the total; Kyrgyzstan had received $0.886 billion, accounting for 5.2% of the total;Tajikistan had received$0.599 billion, accounting for 3.5% of the total; Turkmenistan had received $0.253 billion, accounting for 1.5% of the total.

Graph 11 Structure of China's FDI Stock in Economies,by the End of 2013

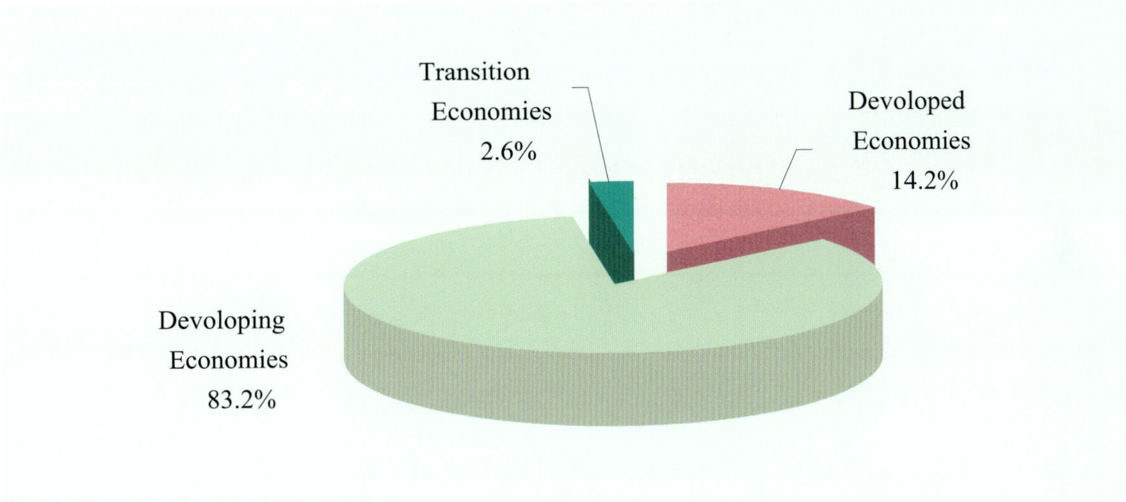

By the end of 2013, China's outward FDI stock in top 20 countries (regions) as destinations had accumulated to $586.16 billion, accounting for 88.7% of the total. The top 20 countries (regions) had been Hong Kong (China), the Cayman Islands, the British Virgin Islands, the United States, Australia, Singapore, United Kingdom, Luxembourg, Russia, Kazakhstan, Canada, Norway, Indonesia, France, South Africa, Germany, Myanmar, Macao (China), Mongolia and the Netherlands.

Chart 16 Top 20 Countries (Regions) as Destinations for China's Outward FDI Stock, by the End of 2013

(Billions of Dollars)

No.	Country (Region)	Stock	Share (%)
1	Hong Kong (China)	377.093	57.1
2	Cayman Islands	42.324	6.4
3	British Virgin Islands	33.903	5.1
4	United States	21.900	3.3
5	Australia	17.450	2.6
6	Singapore	14.751	2.2
7	United Kingdom	11.798	1.8
8	Luxembourg	10.424	1.6
9	Russian	7.582	1.1
10	Kazakhstan	6.957	1.1
11	Canada	6.196	0.9
12	Norway	4.772	0.7
13	Indonesia	4.657	0.7
14	France	4.448	0.7
15	South Africa	4.400	0.7
16	Germany	3.979	0.6
17	Myanmar	3.570	0.6
18	Macao (China)	3.409	0.5
19	Mongolia	3.354	0.5
20	Netherlands	3.193	0.5
	Total	**586.160**	**88.7**

2.2.3 China's outward FDI stock had been distributed in all sectors of national economy, with 80% of the stock concentrating in five industries.

By the end of 2013, China's outward FDI stock had spread in all industries of the national economy. Among the stock, five industries such as leasing and business service, finance, mining, wholesale and retail trade, manufacturing had received $548.6 billion, accounting for 83% of the total.

Leasing and Business Services (investment holding as the primary purpose)had received $195.74 billion, accounting for 29.6% of the total.

Finance had received$117.08 billion, accounting for 17.7% of the total. Among the stock in finance, monetary financial services had received 70.92 billion, accounting for 60.6%; capital market services had received $4.31 billion, accounting for 3.7%; insurance had received $7.47 billion, accounting for 6.3%;

others had received $34.38 billion, accounting for 29.4%.

Mining had received$106.17 billion, accounting for 16.1% of the total. The stock had been mainly concentrated in oil and gas exploration, as well as ferrous metals and non-ferrous metal mining.

Wholesale and Retail Trade had received $87.65 billion, accounting for 13.3% of the total.Most of the stock had been trade-related investment.

Manufacturing had received $41.98 billion, accounting for 6.4% of the total. The stock had been mainly concentrated in chemical material and chemical product manufacturing, communication equipment / computer and other electronic equipment manufacturing, automobile manufacturing, special equipment manufacturing, electrical machinery and equipment manufacturing, textile, food manufacturing, non-ferrous metal smelting and rolling processing, ferrous metal smelting and rolling processing, pharmaceutical manufacturing, garment and decoration, general equipment manufacturing, fabricated metal product, rubber and plastic product, etc.

Transport / storage and post had received $32.23 billion, accounting for 4.9% of the total. The stock had been mainly concentrated in water transport, handling and other transportation agency, air transport, pipeline transport, etc.

Construction had received $19.45 billion, accounting for 2.9% of the total. Most of the stock was investment in housing construction, building decoration and other construction, and construction installation.

Real Estate had received $15.42 billion, accounting for 2.3% of the total.

Production and Supply of Electricity / heat / gas and water had received $11.2 billion, accounting for 1.7% of the total. Most of the stock was investment in production and supply of electricity and heat.

Scientific Research and Technical Services had received $8.67 billion, accounting for 1.3% of the total. Most of the stock was investment in professional technical services, and research experiment and development.

Resident Services / Repairs and Other Services had received $7.69 billion, accounting for 1.2% of the total. Most of the stock was investment in other services and resident services.

Information Transmission, Software and IT Services had received $7.38 billion, accounting for 1.1% of the total. The stock had been mainly concentrated in software and IT services.

Agriculture / forestry / animal husbandry and fishery had received $7.18 billion, accounting for 1.1% of the total, of which 28.6%, 26.8% and 14.3% had fallen under agriculture, forestry and fishery, respectively.

Culture / Sports and Entertainment had received$1.1 billion, accounting for 0.2% of the total.

Hospitality and Catering had received$0.95 billion, accounting for 0.1% of the total.

Others had received $0.59 billion, accounting for 0.1% of the total.

Graph 12 Industrial Distribution of China's Outward FDI Stock, by the End of 2013

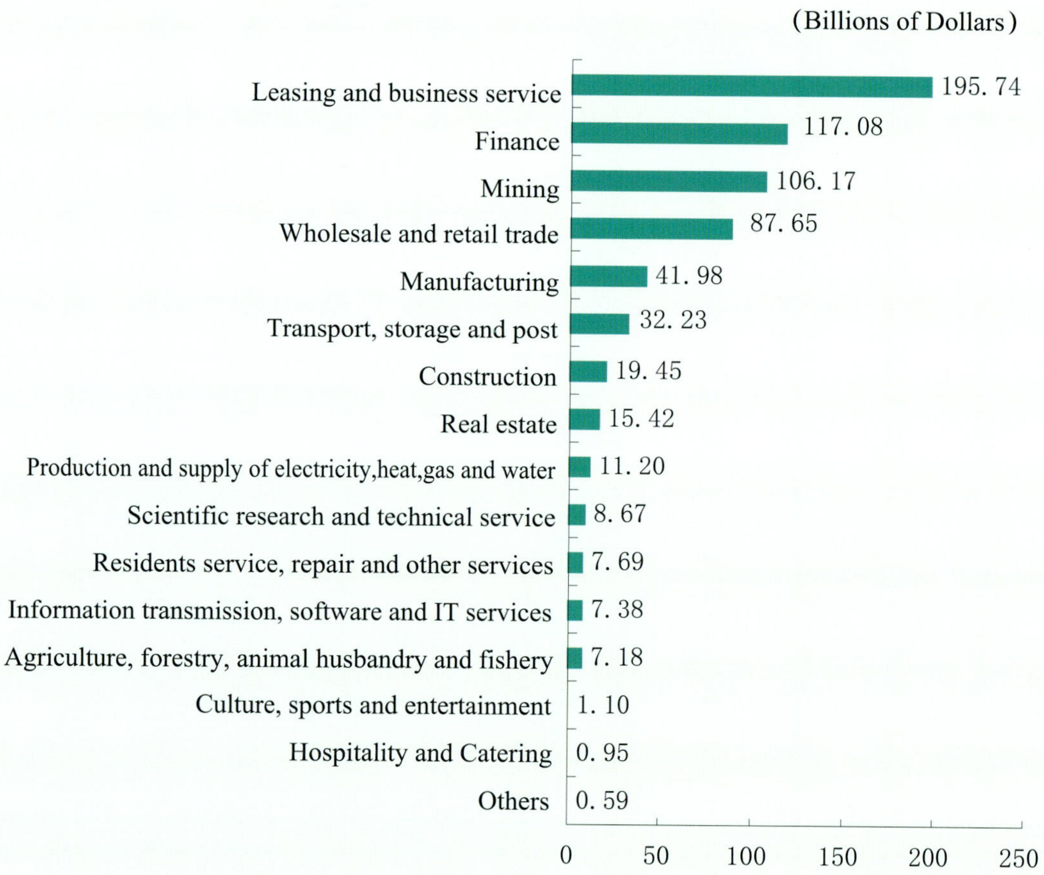

Chart 17 Top 5 Industries of China's Outward FDI Stock in Each Continent, by the End of 2013

(Billions of Dollars)

Continent	Industry	Stock	Share (%)
Asia	Leasing and Business Services	139.82	31.2
	Finance	83.81	18.7
	Wholesale and Retail Trade	70.98	15.9
	Mining	57.17	12.8
	Transport / storage and post	27.72	6.2
	Subtotal	**379.50**	**84.8**
Africa	Mining	6.92	26.4
	Construction	6.84	26.1
	Finance	3.66	14.0
	Manufacturing	3.51	13.4
	Scientific Research and Technical Services	1.34	5.1
	Subtotal	**22.27**	**85.0**
Europe	Leasing and Business Services	11.31	21.3
	Manufacturing	10.86	20.4
	Mining	9.33	17.6
	Finance	8.90	16.7
	Wholesale and Retail Trade	4.51	8.5
	Subtotal	**44.91**	**84.5**
Latin America	Leasing and Business Services	41.08	47.7
	Mining	14.93	17.3
	Finance	12.07	14.1
	Wholesale and Retail Trade	8.56	9.9
	Transport / storage and post	2.26	2.6
	Subtotal	**78.90**	**91.6**
North America	Finance	7.50	26.2
	Mining	6.13	21.4
	Manufacturing	4.97	17.4
	Wholesale and Retail Trade	1.97	6.9
	Leasing and Business Services	1.95	6.8
	Subtotal	**22.52**	**78.7**
Oceania	Mining	11.69	61.5
	Real Estate	1.90	10.0
	Finance	1.15	6.0
	Agriculture / forestry / animal husbandry and fishery	0.84	4.4
	Leasing and Business Services	0.83	4.4
	Subtotal	**16.41**	**86.3**

Graph 13 Sector Weightings of China's Outward FDI Stock, by the End of 2013

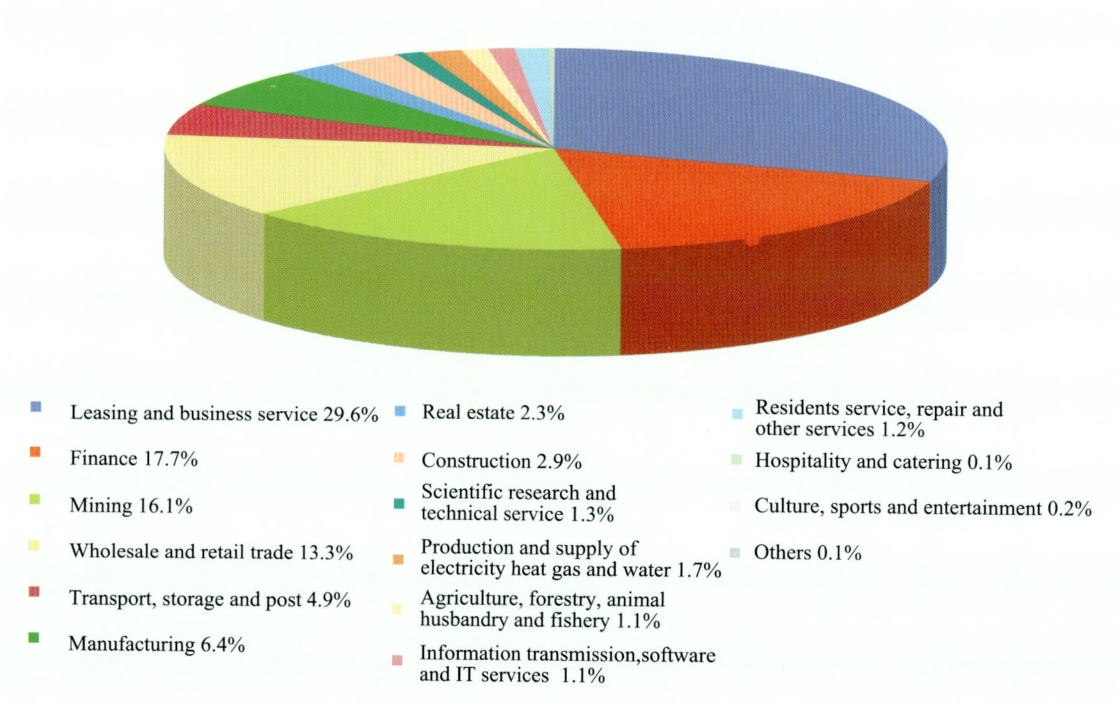

2.2.4 Half of China's outward FDI had been conducted by state-owned enterprises, and the share of non-state enterprises had been growing.

By the end of 2013, among $543.4 billion non-financial outward FDI stock, state-owned enterprises had taken a share of 55.2%, and that of the non-state enterprises had reached 44.8%, increased by 4.6 percentage points compared to the previous year. Among the non-state enterprises, limited liability companies had taken a share of 30.8%, increased by 4.6 percentage points compared to the previous year; the shares of incorporated companies, joint-stock cooperative enterprises, foreign-invested enterprises, Hong Kong, Macao and Taiwan-invested enterprises, collective enterprises and others had reached 7.5%, 2%, 2.2%, 1.2%, 0.4%, 0.1% and 0.6%, respectively.

Graph 14 Structure of China's Non-financial Outward FDI Stock, by Domestic Investors' Registration Type by the End of 2013

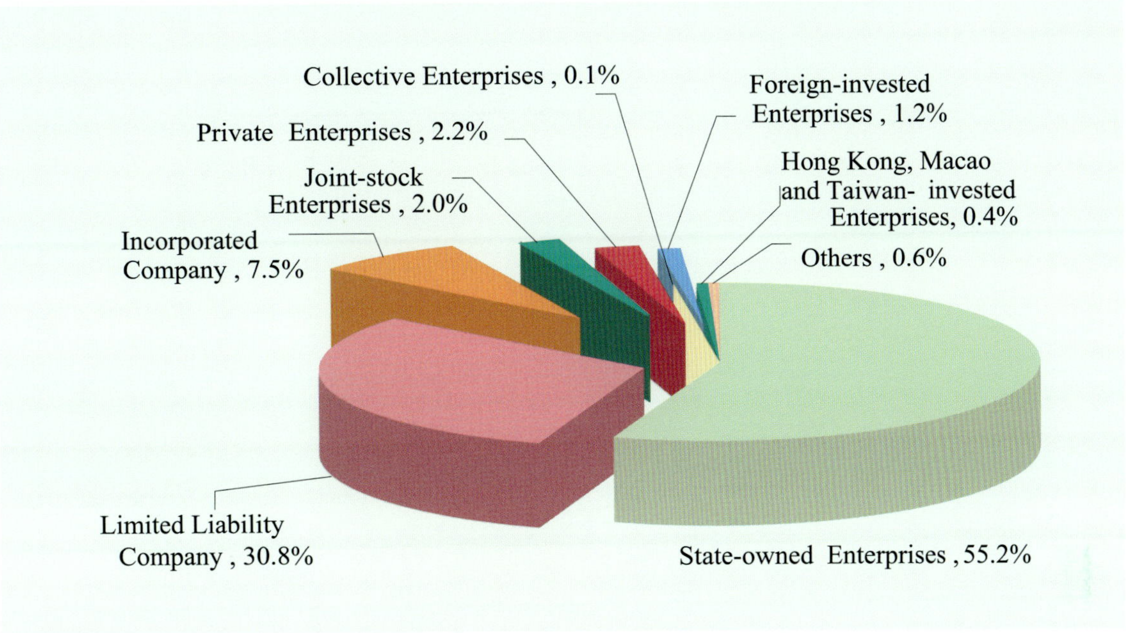

Graph 15 Proportions of State-owned Eterprises and Non-state Eterprises in China's Outward FDI Stock, 2006-2013

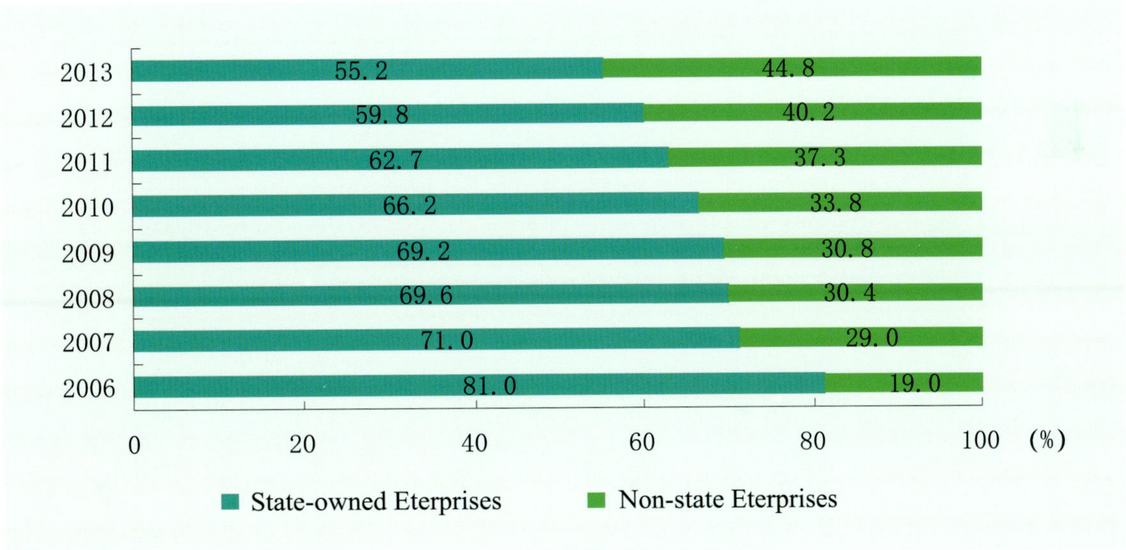

2.2.5 The share of local enterprises had increased year by year and surpassed 30% for the first time.

By the end of 2013, non-financial outward FDI stock by local enterprises had reached $164.9 billion, accounting for 30.3% of China's total non-financial outward FDI stock, with an increase of 1.8 percentage point compared to the previous year. Among the non-financial outward FDI stock by local enterprises, $130.75 billion had come from East China, accounting for 79.3% of the total; $19.39 billion had come from West China, accounting for 11.7% of the total; $14.76 billion had come from Central China, accounting for 9% of the total. Guangdong had been the largest province in terms of outward FDI stock, followed by Shanghai, Shandong, Beijing, Jiangsu, Zhejiang, Liaoning, Hunan, Fujian, Yunnan, etc.

Graph 16 Geographical Weightings of China's Outward FDI Stock by Local Enterprises, by the End of 2013

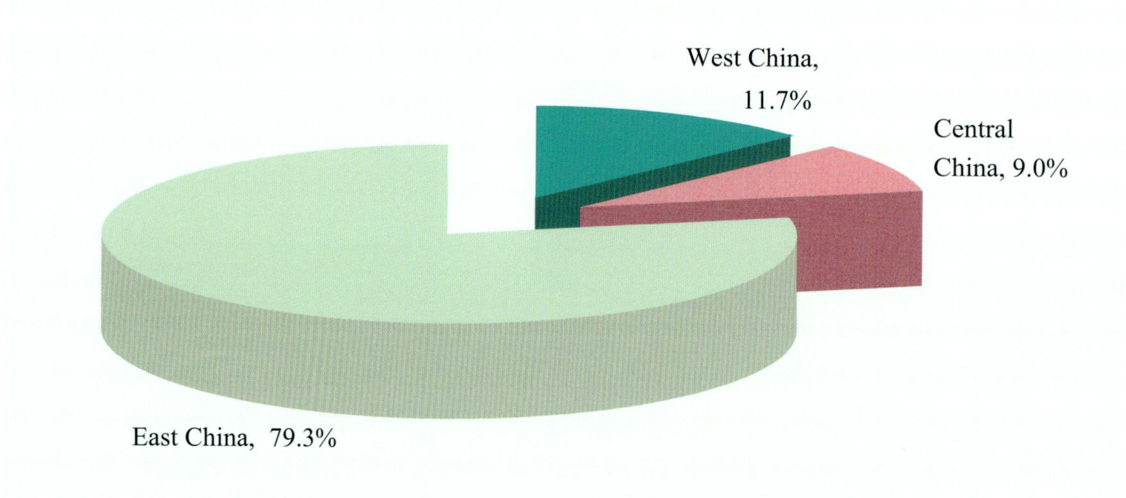

Chart 18 Top 10 Provinces (Municipalities) as Sources of China's Outward FDI Stock, by the End of 2013

(Billions of Dollars)

No.	Province (Municipality)	Stock
1	Guangdong	34.234
2	Shanghai	17.844
3	Shandong	16.047
4	Beijing	12.765
5	Jiangsu	11.163
6	Zhejiang	10.988
7	Liaoning	7.731
8	Hunan	4.547
9	Fujian	3.968
10	Yunnan	3.866
Total (Above-mentioned 10 provinces and municipalities accounting for 74.7% of China's local outward FDI stock)		**123.153**

3. China's Outward FDI to World's Major Economies

Chart 19 China's Outward FDI to World's Major Economies, 2013

(Billions of Dollars)

Economy	Flows			Stock	
	Amount	Year-on-Year Growth Rate (%)	Share (%)	Amount	Share (%)
Hong Kong (China)	62.824	22.6	58.3	377.093	57.1
European Union	4.524	-26.1	4.2	40.097	6.1
ASEAN	7.267	19.1	6.7	35.668	5.4
United States	3.873	-4.3	3.6	21.900	3.3
Australia	3.458	59.1	3.2	17.450	2.6
Russia	1.022	30.2	0.9	7.582	1.1
Total	**82.968**	**17.7**	**76.9**	**499.790**	**75.6**

3.1 Outward FDI from Mainland China to Hong Kong

In 2013, outward FDI flows from Mainland China to Hong Kong stood at $62.824 billion, accounting for 58.3% of the total, with a year-on-year increase of 22.6%. Hong Kong served as the largest destination for China's outward FDI, where most of China's major outward M&As had been conducted through reinvestment. To illustrate, in 2013, CNOOC acquired 100% stake in Nexen (Canada), Sinopec acquired part of assets of US-based Apache Corporation's Egyptian oil, and HNA Group took over TIP Trailer Services (Netherlands). From an industry perspective, leasing and business services (investment holding as the primary purpose) received $17.67 billion, with a year-on-year decrease of 19%, accounting for 28.1% of the total; finance received $12.677 billion, with a year-on-year increase of 54.1%, accounting for 20.2% of the total; wholesale and retail trade received $10.881 billion, with a year-on-year increase of 7.6%, accounting for 17.3% of the total; mining received $10.788 billion, with a year-on-year increase of 264%, accounting for 17.2 of the total; transport / storage and post received $2.88 billion, with a year-on-year increase 122.2%, accounting for 4.6% of the total; real estate received $2.292 billion, with a year-on-year increase of 44.8%, accounting for 3.7% of the total; manufacturing received $1.484 billion, with a year-on-year decrease of 40.6%, accounting for 2.4% of the total.

By the end of 2013, mainland China had established more than 7000 FDI enterprises in Hong Kong, with a stock of $377.093 billion, accounting for 57.1% of the total. In terms of industrial distribution, leasing and business services had received $135.183 billion, finance had received $76.414 billion, wholesale and retail trade had received $62.531 billion, mining had received $38.967 billion, transport / storage and post had received $25.366 billion, manufacturing had received $12.196 billion, accounting for 35.8%, 20.3%, 16.6%, 10.3%, 6.7% and 3.2% of the total, respectively. The shares of real estate, Resident Services / Repairs and Other Services, information transmission, software and IT services, construction, production and supply of electricity / heat / gas and water, scientific research and technical services, and others had reached 2.4%, 1.6%. 1.3%, 0.6%, 0.4%, 0.4% and 0.5%, respectively.

Chart 20 Industrial Distribution of Outward FDI from Mainland China to Hong Kong, 2013

(Millions of Dollars)

Industry	Flows	Share (%)	Stock	Share (%)
Leasing and Business Services	17,676.15	28.1	135,183.44	35.8
Finance	12,677.20	20.2	76,414.23	20.3
Wholesale and Retail Trade	10,881.14	17.3	62,531.25	16.6
Mining	10,788.42	17.2	38,966.58	10.3
Transport / storage and post	2,879.63	4.6	25,365.87	6.7
Manufacturing	1,483.87	2.4	12,195.78	3.2
Real Estate	2,291.53	3.7	8,982.22	2.4
Resident Services / Repairs and Other Services	843.34	1.3	6,040.94	1.6
Information Transmission, Software and IT Services	1,285.06	2.0	5,026.34	1.3
Construction	743.09	1.2	2,303.33	0.6
Production and Supply of Electricity/heat/gas and water	287.24	0.5	1,434.64	0.4
Scientific Research and Technical Services	614.89	1.0	1,374.97	0.4
Agriculture / forestry / animal husbandry and fishery	259.80	0.4	553.75	0.2
Culture / Sports and Entertainment	79.28	0.1	426.96	0.1
Hospitality and Catering	0.18	—	197.99	0.1
Others	32.96	—	94.85	—
Total	**62,823.78**	**100.0**	**377,093.14**	**100.0**

3.2 China's Outward FDI to the European Union

In 2013, China's outward FDI flows to the European Union reached $4.524 billion, decreased by 2.8% compared to the previous year, accounting for 4.2% of its total outward FDI flows and 76% of its outward FDI flows to Europe. Among China's outward FDI flows to the European Union, United Kingdom ranked 1st and received $1.42 billion, with a year-on-year decrease of 48.8%, accounting for 31.4% of the total; the following was Luxembourg, which received $1.275 billion, with a year-on-year increase of 12.5%, accounting for 28.2% of the total; Germany ranked 3rd and received $0.911 billion, with a year-on-year increase of 14%, accounting for 20.1% of the total.

In terms of industrial distribution, manufacturing received $1.805 billion, accounting for 39.9% of the total, and the flows were mainly concentrated in United Kingdom, Germany, Sweden, France, Netherlands, etc. Finance received $1.447 billion, accounting for 32% of the total, and the flows were mainly concentrated in Luxembourg, United Kingdom, Germany, Ireland, France, etc. Leasing and business services received $0.676 billion, accounting for 14.9% of the total, and the flows were mainly concentrated in Luxembourg, Netherlands, United Kingdom, Ireland, Germany, etc. Wholesale and retail trade received $0.312 billion, accounting for 6.9% of the total, and the flows were mainly concentrated in Luxembourg, Germany, United Kingdom, Belgium, etc. Mining received $0.191 billion, accounting for 4.2% of the total.

By the end of 2013, China's outward FDI stock in the European Union had reached $40.097 billion, accounting for 6.1% of the total and 75.4% of its outward FDI stock in Europe. Each of the six countries had received more than $1 billion outward FDI stock, namely, United Kingdom, Luxembourg, France, Germany, Netherlands and Sweden. In terms of industrial distribution, leasing and business services had received $10.328 billion, accounting for 25.8% of the total, and the stock had been mainly concentrated in Luxembourg, United Kingdom, Netherlands, Germany, Ireland, etc. Finance had received $8.631 billion, accounting for 21.5% of the total, and the stock had been mainly concentrated on United Kingdom, Luxembourg, Germany, France, Italy, Hungary, etc. Manufacturing had received $8.027 billion, accounting for 20% of the total, and the stock had been mainly concentrated in Sweden, United Kingdom, Germany, Netherlands, France, Italy, Hungary, Austria, Romania, etc.Wholesale and retail trade had received $4.165 billion, accounting for 10.4% of the total, and the stock had been mainly concentrated in United Kingdom, Netherlands, Germany, Belgium, Italy, Luxembourg, etc. Mining had received $4.074 billion, accounting for 10.2% of the total, and the stock had been mainly concentrated in France, United Kingdom, Netherlands, Luxembourg, etc. Transport / storage and post had received $1.226 billion, accounting for 3.1% of the total, and the stock had been mainly concentrated in United Kingdom, Germany, Belgium, etc. The share of construction, scientific research and technical services, production and supply of electricity / heat / gas and water, and real estate had reached 2.4%, 1.9%, 1.8% and 0.9%, respectively.

By the end of 2013, China had established almost 2000 FDI enterprises in the European Union, and the enterprises had spread in 28 member countries and hired 47,000 local employees.

Chart 21 Industrial Distribution of China's Outward FDI to the European Union, 2013

(Millions of Dollars)

Industry	Flows	Share (%)	Stock	Share (%)
Leasing and Business Services	676.14	14.9	10,327.79	25.8
Finance	1,447.26	32.0	8,630.51	21.5
Manufacturing	1,805.49	39.9	8,026.80	20.0
Wholesale and Retail Trade	311.89	6.9	4,164.95	10.4
Mining	190.82	4.2	4,073.82	10.2
Transport / storage and post	35.65	0.8	1,226.46	3.1
Construction	3.10	0.1	978.24	2.4
Scientific Research and Technical Services	33.49	0.7	765.42	1.9
Production and Supply of Electricity / heat / gas and water	55.27	1.2	738.28	1.8
Real Estate	59.55	1.3	350.94	0.9
Hospitality and Catering	4.34	0.1	275.07	0.7
Agriculture / forestry / animal husbandry and fishery	-123.62	-2.7	237.52	0.6
Education	—	—	95.96	0.2
Information Transmission, Software and IT Services	6.91	0.2	83.63	0.2
Resident Services / Repairs and Other Services	10.54	0.2	86.10	0.2
Culture / Sports and Entertainment	6.66	0.2	33.97	0.1
Others	0.01	—	1.15	—
Total	**4,523.50**	**100.0**	**40,096.61**	**100.0**

3.3 China's Outward FDI to ASEAN

In 2013, China's outward FDI flows to ASEAN stood at $7.267 billion, with a year-on-year increase of 19.1%, accounting for 6.7% of the total and 9.6% of its outward FDI flows to Asia; China's outward FDI stock in ASEAN had reached $35.668 billion, accounting for 5.4% of the total and 8% of its outward FDI in Asia. By the end of 2013, China had established more than 2,700 FDI enterprises and hired 159,700 local employees in ASEAN.

In 2013, the industrial structure of China's outward FDI to ASEAN was as follows: mining received $1.234 billion, accounting for 17% of the total, and the flows were mainly distributed in Indonesia, Myanmar, Laos, Singapore, etc. Wholesale and retail trade received $1.234 billion, accounting for 17% of the total, and the flows were mainly distributed in Singapore, Indonesia, Laos, etc. Manufacturing received $1.189 billion, accounting for 16.4% of the total, and the flows were mainly distributed in Thailand, Vietnam, Indonesia, Cambodia, Malaysia, Myanmar, etc. Production and supply of electricity / heat / gas and water received

$0.822 billion, accounting for 11.3%, and the flows were mainly distributed in Myanmar, Indonesia, Laos, Singapore, Cambodia, etc. Construction received $0.698 billion, accounting for 9.6% of the total, and the flows were mainly distributed in Laos, Indonesia, Cambodia, Singapore, Malaysia, etc.Leasing and business services received $0.621 billion, accounting for 8.5% of the total, and the flows were mainly distributed in Malaysia, Singapore, Vietnam, Indonesia, etc. Agriculture / forestry / animal husbandry and fishery received $0.543 billion, accounting for 7.5% of the total, and the flows were mainly distributed in Laos, Indonesia, Cambodia, Malaysia, etc. Finance received $0.542 billion, accounting for 7.2% of the total, and the flows were mainly distributed in Singapore, Indonesia, Thailand, Laos, etc.

In terms of industrial structure of China's outward FDI stock in ASEAN in 2013, production and supply of electricity / heat / gas and water had received $6.039 billion, accounting for 16.9% of the total, and the stock had been mainly distributed in Singapore, Myanmar, Cambodia, Indonesia, Laos, etc.Mining had received $5.281 billion, accounting for 14.8% of the total, and the stock had been mainly distributed in Indonesia, Myanmar, Laos, Singapore, Thailand, Philippines, etc. Wholesale and retail trade had received $4.763 billion, accounting for 13.4% of the total, and the stock had been mainly distributed in Singapore, Vietnam, Thailand, Indonesia, Malaysia, etc. Manufacturing had received $4.673 billion, accounting for 13.1% of the total. The outward FDI stock in manufacturing had been most widely spread in terms of the number of ASEAN countries involved. Manufacturing in the following countries had received more than $0.1 billion FDI stock, namely, Thailand ($1.111 billion), Vietnam ($1.029 billion), Indonesia ($0.556 billion), Cambodia ($0.539 billion), Malaysia ($0.492 billion), Singapore ($0.43 billion) and Laos ($0.353 billion). Leasing and business services had received $3.92 billion, accounting for 11% of the total, and the stock had been mainly distributed in Singapore, Malaysia, Laos, Vietnam, Thailand, etc. Construction had received $2.934 billion, accounting for 8.2% of the total, and the stock had been mainly distributed in Cambodia, Singapore, Laos, Malaysia, Vietnam, Thailand, etc. Finance had received $2.81 billion, accounting for 7.9% of the total, and the stock had been mainly distributed in Singapore, Thailand, Indonesia, Malaysia, Philippines, etc. Agriculture / forestry / animal husbandry and fishery had received $1.597 billion, accounting for 4.5% of the total, and the stock had been distributed in Laos, Indonesia, Cambodia, Vietnam, Myanmar, Thailand, etc. Transport / storage and post had received $1.386 billion, accounting for 3.9% of the total, and the stock had been mainly distributed in Singapore, Thailand, etc. Real estate had accounted for 3.7% of the total, and the stock had been mainly distributed in Singapore; the shares of scientific research and technical services, information transmission, software and IT services, Resident Services / Repairs and Other Services, and hospitality and catering had reached 1.5%, 0.4%, 0.2% and 0.2%, respectively.

Chart 22 Industrial Distribution of China's Outward FDI to ASEAN, 2013

(Millions of Dollars)

Industry	Flows	Share (%)	Stock	Share (%)
Production and Supply of Electricity / heat / gas and water	822.11	11.3	6,039.15	16.9
Mining	1,233.99	17.0	5,280.78	14.8
Wholesale and Retail Trade	1,234.45	17.0	4,763.15	13.4
Manufacturing	1,188.58	16.4	4,672.52	13.1
Leasing and Business Services	621.33	8.5	3,919.75	11.0
Construction	698.04	9.6	2,934.30	8.2
Finance	542.34	7.2	2,810.26	7.9
Agriculture / forestry / animal husbandry and fishery	543.31	7.5	1,597.08	4.5
Transport / storage and post	145.71	2.0	1,385.54	3.9
Real Estate	51.21	0.7	1,332.57	3.7
Scientific Research and Technical Services	81.81	1.1	538.97	1.5
Information Transmission, Software and IT Services	14.73	0.2	133.63	0.4
Resident Services / Repairs and Other Services	20.45	0.3	84.21	0.2
Hospitality and Catering	52.35	0.7	82.00	0.2
Culture / Sports and Entertainments	–	–	19.78	0.1
Educations	16.77	0.4	35.23	0.1
Others	–	0.1	39.43	0.1
Total	**7,267.18**	**100.0**	**35,668.35**	**100.0**

Graph 17 China's Outward FDI Stock in Ten ASEAN Countries, by the End of 2013

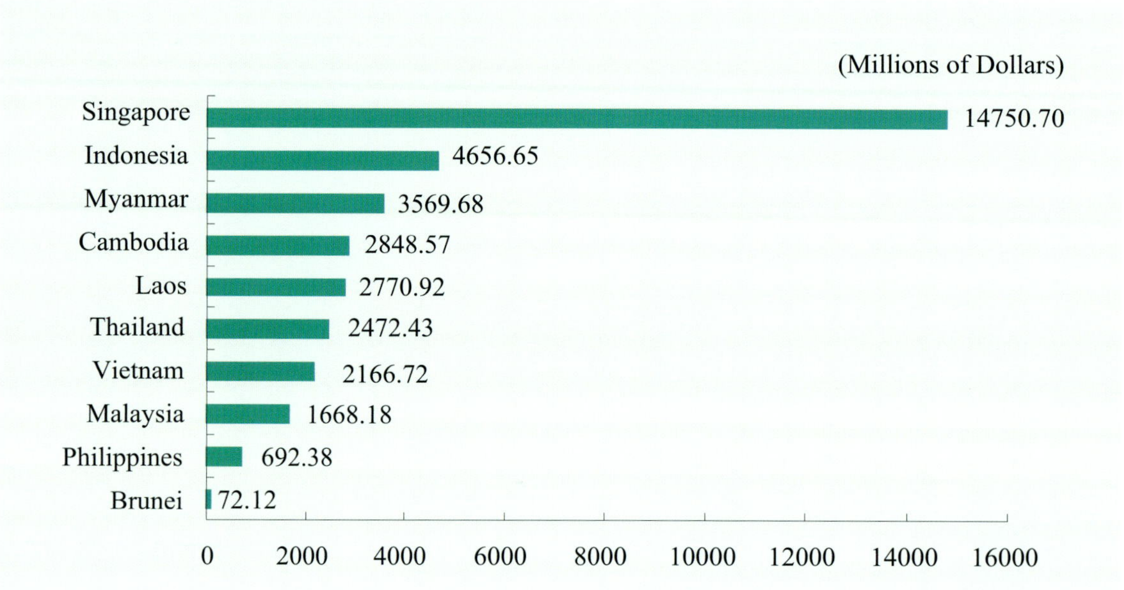

3.4 China's Outward FDI to the United States

In 2013, China's outward FDI flows to the United Stated stood at $3.873 billion, decreased by 4.3% compared to the previous year, accounting for 3.6% of the total. By the end of 2013, China's outward FDI stock in the United States had reached $21.9 billion, accounting for 3.3% of the total. The overseas enterprises had hired 30,000 local employees in the United States, increased by 3,000 compared to the previous year.

In 2013, China's outward FDI to the United States was widely spread, with three more industries each receiving more than $0.1 billion FDI flows. These industries included mining, real estate, manufacturing, wholesale and retail trade, transport / storage and post, leasing and business services, scientific research and technical services, and construction. Mining received $1.595 billion, accounting for 41.4% of the total; real estate received $0.902 billion, accounting for 23.3% of the total; manufacturing received $0.862 billion, accounting for 22.2% of the total; wholesale and retail trade received $0.36 billion, accounting for 9.3% of the total; transport / storage and post received $0.226 billion, accounting for 5.8% of the total; scientific research and technical services received $0.172 billion, accounting for 4.4% of the total; leasing and business services received $0.158 billion, accounting for 4.1% of the total. However, production and supply of electricity / heat / gas and water, and finance witnessed negative flows.

In terms of industrial distribution of China's outward FDI stock in the United States, finance had received $6.629 billion, accounting for 30.3% of the total; manufacturing had received $4.421 billion, accounting for 20.2% of the total, and the stock had been mainly concentrated in transportation equipment manufacturing, equipment manufacturing, rubber product manufacturing, general equipment manufacturing, medical equipment manufacturing, non-ferrous metal smelting and rolling processing, fabricated metal product and textile; mining had received $3.145 billion, accounting for 14.4% of the total; wholesale and retail trade had received $1.75 billion, accounting for 8% of the total; real estate had received $1.49 billion, accounting for 6.8% of the total; production and supply of electricity / heat / gas and water had received $1.25 billion, accounting for 5.7% of the total; leasing and business services had received $0.858 billion, accounting for 3.9% of the total; the shares of transport / storage and post, scientific research and technical services, and construction had reached 2.9%, 2.1% and 2%, respectively.

Chart 23 Industrial Distribution of China's Outward FDI to the United States, 2013

(Millions of Dollars)

Industry	Flows	Share (%)	Stock	Share (%)
Finance	-137.12	-3.5	6,629.46	30.3
Manufacturing	862.18	22.2	4,421.46	20.2
Mining	1,594.89	41.1	3,144.62	14.4
Wholesale and Retail Trade	359.78	9.3	1,750.12	8.0
Real Estate	901.54	23.3	1,489.87	6.8
Production and Supply of Electricity / heat / gas and water	-689.81	-17.8	1,250.11	5.7
Leasing and Business Services	157.82	4.1	857.96	3.9
Transport / storage and post	225.85	5.8	625.93	2.9
Scientific Research and Technical Services	172.11	4.4	460.67	2.1
Construction	118.55	3.1	433.37	2.0
Resident Services / Repairs and Other Services	100.46	2.6	222.85	1.0
Hospitality and Catering	14.70	0.4	140.19	0.6
Water Conservancy / Environment and Public Facility Management	113.83	2.9	140.54	0.6
Information Transmission, Software and IT Services	26.29	0.7	135.56	0.6
Culture / Sports and Entertainment	23.43	0.6	91.87	0.4
Agriculture / forestry / animal husbandry and fishery	21.91	0.6	82.79	0.4
Education	6.68	0.2	21.85	0.1
Others	0.34	—	0.34	—
Total	**3,873.43**	**100.0**	**21,899.56**	**100.0**

3.5 China's Outward FDI to Australia

In 2013, China's outward FDI flows to Australia stood at $3.458 billion, with a year-on-year increase of 59.1%. The flows were mainly concentrated in the following industries: mining received $2.095 billion, accounting for 60.6% of the total; real estate received $0.369 billion, accounting for 10.7% of the total; leasing and business services received $0.349 billion, accounting for 10.1% of the total; wholesale and retail trade received $0.276 billion, accounting for 8% of the total; the shares of finance, production and supply of electricity / heat / gas and water, manufacturing, and agriculture / forestry / animal husbandry and fishery reached 2.5%, 2.4%, 2.3% and 2.2%, respectively.

By the end of 2013, China's outward FDI stock in Australia had reached $17.45 billion, accounting for 2.6% of the total and 91.8% of its outward FDI stock in Oceania. China had established almost 600 overseas enterprises and hired more than 7000 local employees in Australia. In terms of industrial distribution of China's outward FDI stock in Australia, mining had received $11.39 billion, accounting for 65.3% of the total; real estate had received $1.902 billion, accounting for 10.9% of the total; finance had received $1.111 billion, accounting for 6.4% of the total; leasing and business services had received $0.75 billion, accounting for 4.3% of the total; the shares of wholesale and retail trade, manufacturing, and agriculture / forestry / animal husbandry and fishery had reached 3.8%, 3.6% and 1.6%, respectively.

Chart 24 Industrial Distribution of China's Outward FDI to Australia, 2013

(Millions of Dollars)

Industry	Flows	Share (%)	Stock	Share (%)
Mining	2,095.30	60.6	11,390.14	65.3
Real Estate	369.40	10.7	1,901.64	10.9
Finance	87.67	2.5	1,110.70	6.4
Leasing and Business Services	349.24	10.1	750.12	4.3
Wholesale and Retail Trade	276.44	8.0	656.78	3.8
Manufacturing	78.55	2.3	622.92	3.6
Agriculture / forestry / animal husbandry and fishery	75.94	2.2	283.07	1.6
Production and Supply of Electricity / heat / gas and water	82.67	2.4	239.42	1.4
Resident Services / Repairs and Other Services	20.36	0.6	142.44	0.8
Construction	10.59	0.3	132.41	0.7
Scientific Research and Technical Services	1.11	—	101.02	0.6
Transport / storage and post	5.59	0.2	66.35	0.4
Education	—	—	28.65	0.1
Hospitality and Catering	4.20	0.1	22.20	0.1
Others	0.92	—	1.82	—
Total	**3,457.98**	**100.0**	**17,449.68**	**100.0**

3.6 China's Outward FDI to Russia

In 2013, China's outward FDI flows to Russia stood at $1.022 billion, with a year-on-year increase of 30.2%, accounting for 0.9% of the total and 17.2% of its outward FDI flows to Europe. In terms of industrial distribution, the flows were mainly concentrated in agriculture / forestry / animal husbandry and fishery (39.2%), mining (22.2%), manufacturing (16.2%), finance (14.2%), and wholesale and retail trade (4.2%).

By the end of 2013, China's outward FDI stock in Russia had reached $7.582 billion, accounting for 1.1% of the total and 14.3% of its outward FDI stock in Europe. China had established over 1000 overseas enterprises and hired 15 thousand local employees in Russia. In terms of industrial distribution of China's outward FDI stock in Russia, manufacturing had received $2.663 billion, accounting for 35.1% of the total;

agriculture / forestry / animal husbandry and fishery had received $1.682 billion, accounting for 22.2% of the total; leasing and business services had received $0.867 billion, accounting for 11.4% of the total; mining had received $0.808 billion, accounting for 10.7% of the total; real estate had received $0.552 billion, accounting for 7.3% of the total; the shares of construction, wholesale and retail trade, and finance had reached 5%, 3.6% and 3.5%, respectively.

Chart 25 Industrial Distribution of China's outward FDI to Russia, 2013

(Millions of Dollars)

Industry	Flows	Share (%)	Stock	Share (%)
Manufacturing	165.25	16.2	2,662.66	35.1
Agriculture / forestry / animal husbandry and fishery	400.42	39.2	1,682.49	22.2
Leasing and Business Services	13.83	1.3	866.98	11.4
Mining	226.98	22.2	808.06	10.7
Real Estate	3.62	0.4	552.45	7.3
Construction	20.49	2.0	381.34	5.0
Wholesale and Retail Trade	42.57	4.2	270.77	3.6
Finance	144.74	14.2	267.54	3.5
Information Transmission, Software and IT Services	0.86	0.1	14.81	0.2
Transport / storage and post	1.50	0.1	22.09	0.3
Resident Services / Repairs and Other Services	1.00	0.1	36.46	0.5
Scientific Research and Technical Services	0.90	—	8.00	0.1
Others	0.09	—	7.96	0.1
Total	**1,022.25**	**100.0**	**7,581.61**	**100.0**

4. Structure of China's Outward Foreign Direct Investors

By the end of 2013, the number of China's outward foreign direct investors had reached 15,300. In terms of domestic investor registration types, limited liability companies had accounted for 66.1% of the total, increased by 3.6% compared to the previous year, and they had been the most active group in China's outward FDI activities; private enterprises had accounted for 8.4% of the total, surpassing the state-owned enterprises for the first time and ranking 2nd; state-owned enterprises had accounted for 8% of the total, decreased by 1.1% compared to the previous year; the shares of incorporated companies, joint-stock cooperative enterprises, foreign-invested enterprises, Hong Kong, Macao and Taiwan-invested enterprises, the self-employed, collective enterprises and others had reached 7.1%, 3.1%, 3%, 2%, 0.7%, 0.6% and 1%, respectively.

Graph 18 Structure of Domestic Investors, by Registration Type, by the End of 2013

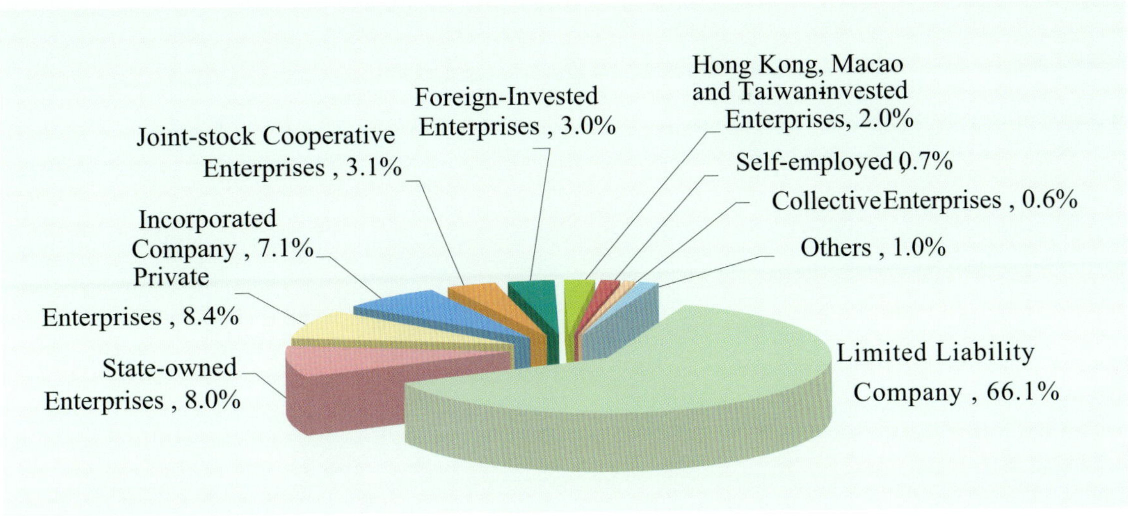

Chart 26 Domestic Investors by Registration Type, by the End of 2013

Registration Type	QTY	Share (%)
Limited Liability Companies	10,116	66.1
Private Enterprises	1,282	8.4
State-Owned Enterprises	1,232	8.0
Incorporated Companies	1,081	7.1
Joint-Stock Cooperative Enterprises	469	3.1
Foreign-Invested Enterprises	454	3.0
Hong Kong, Macao and Taiwan-Invested Enterprises	311	2.0
Self-Employed	106	0.7
Collective Enterprises	92	0.6
Others	157	1.0
Total	**15,300**	**100.0**

Among the non-financial outward foreign direct investors, central enterprises and units had accounted for only 3.5%, while enterprises from provinces, autonomous regions and municipalities had taken a share of 96.5%. The top 10provinces, autonomous regions and municipalities in terms of the number of domestic investors had been Guangdong, Zhejiang, Jiangsu, Shanghai, Shandong, Fujian, Liaoning, Hunan, Heilongjiang and Beijing, which together had accounted for 77.5% of the total domestic investors. Guangdong had ranked 1st, with more than 3,000 domestic investors, accounting for 19.8% of the total; the following had been Zhejiang, accounting for 14.6% of the total; Jiangsu had ranked 3rd, accounting for 10.9% of the total. More than half of private enterprises as outward investors had come from Guangdong,

Zhejiang and Jiangsu.

In terms of industrial distribution of domestic investors, 11 thousand enterprises had been distributed in wholesale and retail trade, as well as manufacturing, accounting for about 70% of the total. Among the enterprises, wholesale and retail trade had ranked 1st, accounting for 37.5% of the total; the following is manufacturing, accounted for 32.4% of the total, and the enterprises had been mainly distributed in computer and other electronic equipment manufacturing, garment and decoration, textile, equipment manufacturing, electrical machinery and equipment manufacturing, fabricated metal products, chemical material and chemical product manufacturing, communication equipment manufacturing, pharmaceutical manufacturing and automotive manufacturing. In addition, the shares of leasing and business services, hospitality and catering, agriculture / forestry / animal husbandry and fishery, construction and mining had reached 5.3%, 4.5%, 3.6%, 3.5% and 3.1%, respectively.

Graph 19 Industrial Structure of Domestic Investors, by the End of 2013

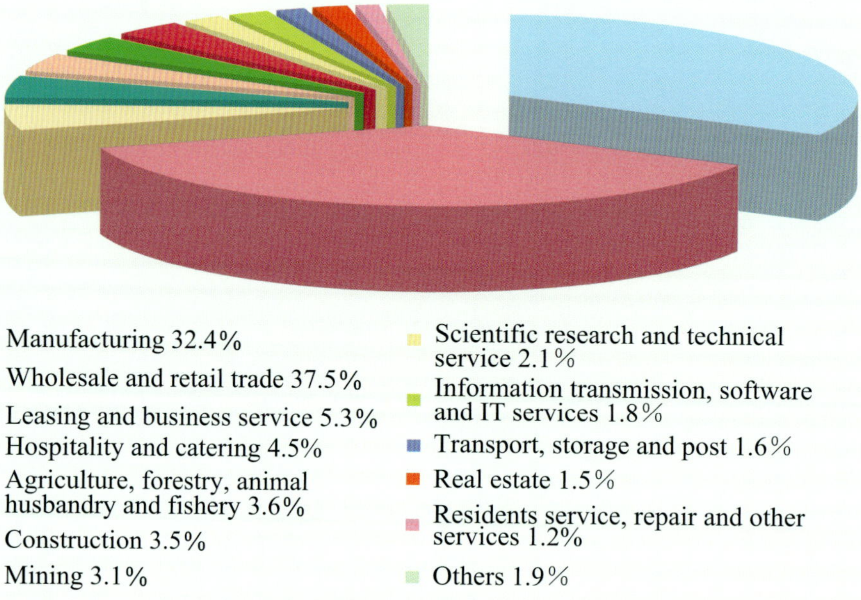

Chart 27 Structure of Domestic Investors, by the End of 2013

Industry	QTY	Share (%)
Wholesale and Retail Trade	5,744	37.5
Manufacturing	4,952	32.4
Leasing and Business Services	815	5.3
Hospitality and Catering	687	4.5
Agriculture / forestry / animal husbandry and fishery	551	3.6
Construction	529	3.5
Mining	465	3.1
Scientific Research and Technical Services	317	2.1
Information Transmission, Software and IT Services	280	1.8
Transport / storage and post	245	1.6
Real Estate	232	1.5
Resident Services / Repairs and Other Services	180	1.2
Production and Supply of Electricity / heat / gas and water	128	0.8
Culture / Sports and Entertainment	81	0.5
Others	94	0.6
Total	**15,300**	**100.0**

5. Geographical and Industrial Distribution of China's FDI Enterprises

By the end of 2013, China had established 25.4 thousand FDI enterprises (hereinafter referred to as 'overseas enterprises') in 184 countries (regions) globally, increased by more than 3.5 thousand compared to the previous year. Characteristics of China's overseas enterprises include:

5.1 Widely Spread.

Chart 28 Geographical Distribution of China's FDI Enterprises, by the End of 2013

Continent	QTY of Countries (Regions) by the End of 2013	QTY of Countries (Regions) Covered by China's FDI Enterprises	Coverage Rate (%)
Asia	48	46	97.9
Europe	49	42	85.7
Africa	60	52	86.7
North America	4	3	75.0
Latin America	48	29	60.4
Oceania	24	12	50.0
Total	**233**	**184**	**79.0**

Note: Asian countries include China but excepted in the coverage rate counting.

By the end of 2013, China had established overseas enterprises in 184 countries and regions, with a global coverage rate of 79%, among which the coverage rates in Asia, Europe and Africa had reached 97.9%, 85.7% and 86.7%, respectively.

Graph 20 Regional Coverage Rate of China's Overseas Enterprises, by the End of 2013

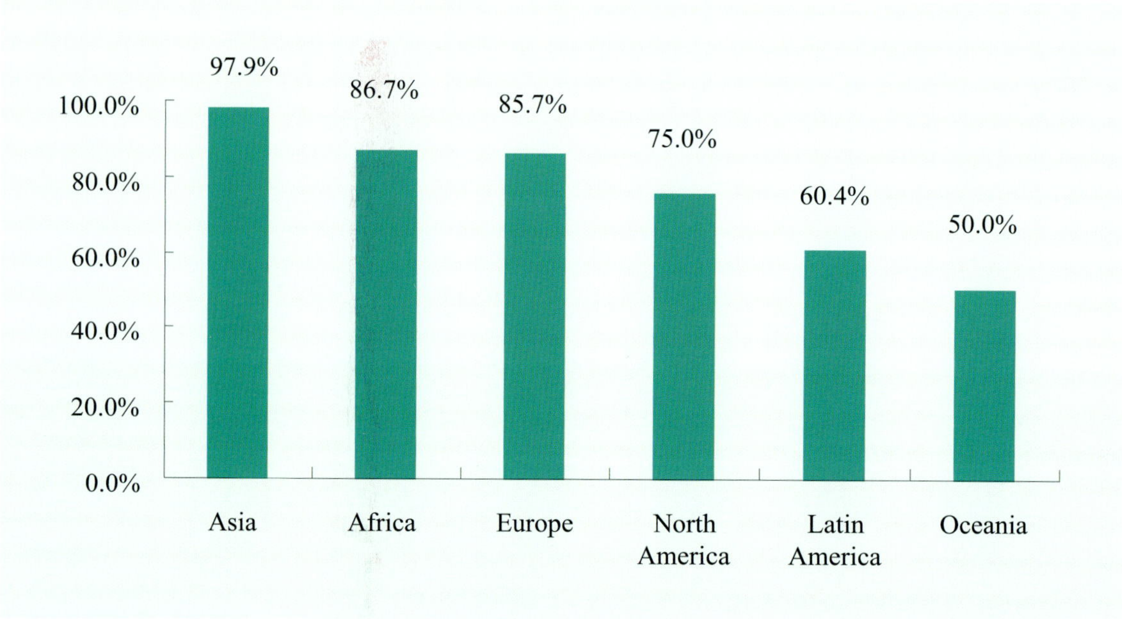

Chart 29 Countries (Regions) Without China's Overseas Enterprises, by the End of 2013

Continent	QTY	Country (Region)
Asia	1	Bhutan
Africa	8	Canary Islands, Sebo Tai, Reunion, Somalia, Melilla, Swaziland, Mayotte, Western Sahara
Europe	7	Andorra, Gibraltar, Iceland, the Vatican City State, Faroe Islands, San Marino, Monaco
Latin America	19	Aruba, Bonaire, Curacao Islands, French Guiana, Guadeloupe, Guatemala, Haiti, Honduras, Martinique, Montserrat, Puerto Rico, Saba, Saint Lucia, Saint Martin Islands, El Salvador, Turks and Caicos Islands, Saint Kitts and Nevis, Saint Pierre and Miquelon, Netherlands Antilles
North America	1	Greenland
Oceania	12	Gambier Islands, Marquesas Islands, Nauru, New Caledonia, Norfolk Island, Society Islands, Solomon Islands, Tuamotu Islands, Tubuai Islands, Tuvalu, French Polynesia, Wallis and Futuna Islands
Total	**48**	

5.2 Relatively Geographically Concentrated.

China had established about 14 thousand overseas enterprises in Asia, accounting for 55.6% of the total, and the enterprises had been mainly distributed in Hong Kong (China), Vietnam, Japan, Singapore, United Arab Emirates, Indonesia, Republic of Korea, Thailand, Cambodia and Mongolia. China had established 7 thousand overseas enterprises in Hong Kong (China), accounting for 28.2% of the total. Hong Kong had been the most active region for China's investment and ranked 1stin terms of the number of China's overseas enterprises.

China had established over 3,000 overseas enterprises in Europe, accounting for 12.3% of the total, and the enterprises had been mainly distributed in Russia, Germany, Netherlands, France, Italy, etc.

China had established over 3,000 overseas enterprises in North America, accounting for 12.1% of the total, and the enterprises had been mainly distributed in the United State and Canada. The United States had ranked 2nd after Hong Kong in terms of the number of China's overseas enterprises.

China had established almost 3,000 overseas enterprises in Africa, accounting for 11.6% of the total, and the enterprises had been mainly distributed in Nigeria, Zambia, South Africa, Ethiopia, Ghana, Tanzania, Kenya, Sudan, Angola, Egypt, etc.

China had established over1,000 overseas enterprises in Latin America, accounting for 5.3% of the total, and the enterprises had been mainly distributed in the British Virgin Islands, Brazil, the Cayman Islands, Mexico, Peru, Chile, Argentina, etc.

China had established almost 700 overseas enterprises in Oceania, accounting for 3.1% of the total, and the enterprises had been mainly distributed in Australia, New Zealand, Papua New Guinea, Fiji and Samoa.

Chart 30 Geographical Distribution of China's Overseas Enterprises, by the End of 2013

Continent	QTY of Overseas Enterprises	Share (%)
Asia	14,131	55.6
Europe	3,133	12.3
North America	3,073	12.1
Africa	2,955	11.6
Latin America	1,331	5.3
Oceania	790	3.1
Total	**25,413**	**100.0**

By the end of 2013, the top 20 countries and regions in terms of the number of China's overseas enterprises had been Hong Kong (China), the United States, Russia, Vietnam, Japan, Australia, Germany, Singapore, Laos, United Arab Emirates, Canada, Indonesia, the British Virgin, Republic of Korea, Thailand, Cambodia, Mongolia, the United Kingdom, India and Nigeria. China's overseas enterprises located in the above mentioned countries and regions had totaled up to 18,000, accounting for 70.6% of the total.

Graph 21 Geographical Distribution of China's Overseas Enterprises, by the End of 2013

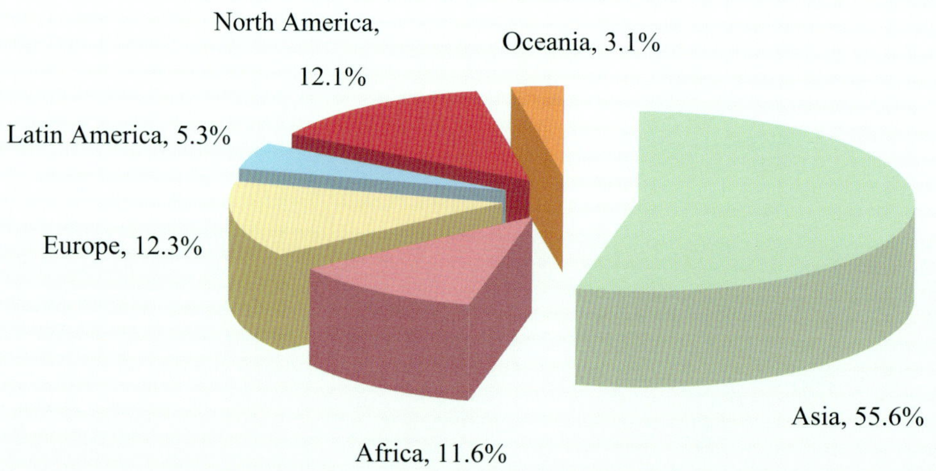

5.3 Complete Industrial Categories.

In terms of industrial distribution of China's overseas enterprises, more than 5,000 had been established in wholesale and retail trade, as well as manufacturing, accounting for 29.2% and 22.1% of the total, respectively. In addition, the shares of leasing and business services, construction, mining, agriculture / forestry / animal husbandry and fishery, scientific research and technical services, transport / storage and post, Resident Services / Repairs and Other Services, information transmission, software and IT services, and real estate had reached 13.2%, 7.6%, 5.5%, 4.5%,4.2%, 3%, 2.5%, 2.3% and 1.5%, respectively.

Chart 31 Industrial Distribution of China's Overseas Enterprises, by the End of 2013

Industry Categories	QTY of Overseas Enterprises	Share (%)
Wholesale and Retail Trade	7,421	29.2
Manufacturing	5,630	22.1
Leasing and Business Services	3,353	13.2
Construction	1,938	7.6
Mining	1,397	5.5
Agriculture / forestry / animal husbandry and fishery	1,157	4.5
Scientific Research and Technical Services	1,062	4.2
Transport / storage and post	776	3.0
Resident Services / Repairs and Other Services	649	2.5
Information Transmission, Software and IT Services	586	2.3
Real Estate	393	1.5
Production and Supply of Electricity / heat / gas and water	287	1.3
Finance	246	1.0
Hospitality and Catering	242	1.0
Culture / Sports and Entertainments	197	0.8
Water Conservancy / Environment and Public Facility Management	38	0.1
Health and Social Work	21	0.1
Education	20	0.1
Total	**25,413**	**100.0**

5.4 Foreign Subsidiaries Taking a Large Share.

In terms of establishment mode of China's overseas enterprises, subsidiaries and branches had accounted for 86.4% and 9.1%, respectively. The share of associated companies had just reached 4.5%.

5.5 Local Investors Establishing 80% of China's Overseas Enterprises.

In terms of the number of enterprises established overseas, local enterprises had accounted for 82.3%, while the share of central enterprises and units had only reached 17.7%. Guangdong, Zhejiang, Jiangsu, Shandong, Shanghai, Liaoning, Fujian, Beijing, Hunan and Tianjin had been the top 10 provinces (municipalities), accounting for 63.4% of the total overseas enterprises. Guangdong had established the largest number of overseas enterprises, accounting for 15.6% of the total; the following had been Zhejiang, accounting for 12.5% of the total; Jiangsu had ranked 3rd, accounting for 9% of the total.

Graph 22 Overseas Enterprises Established by China's Major Provinces and Municipalities, by the End of 2013

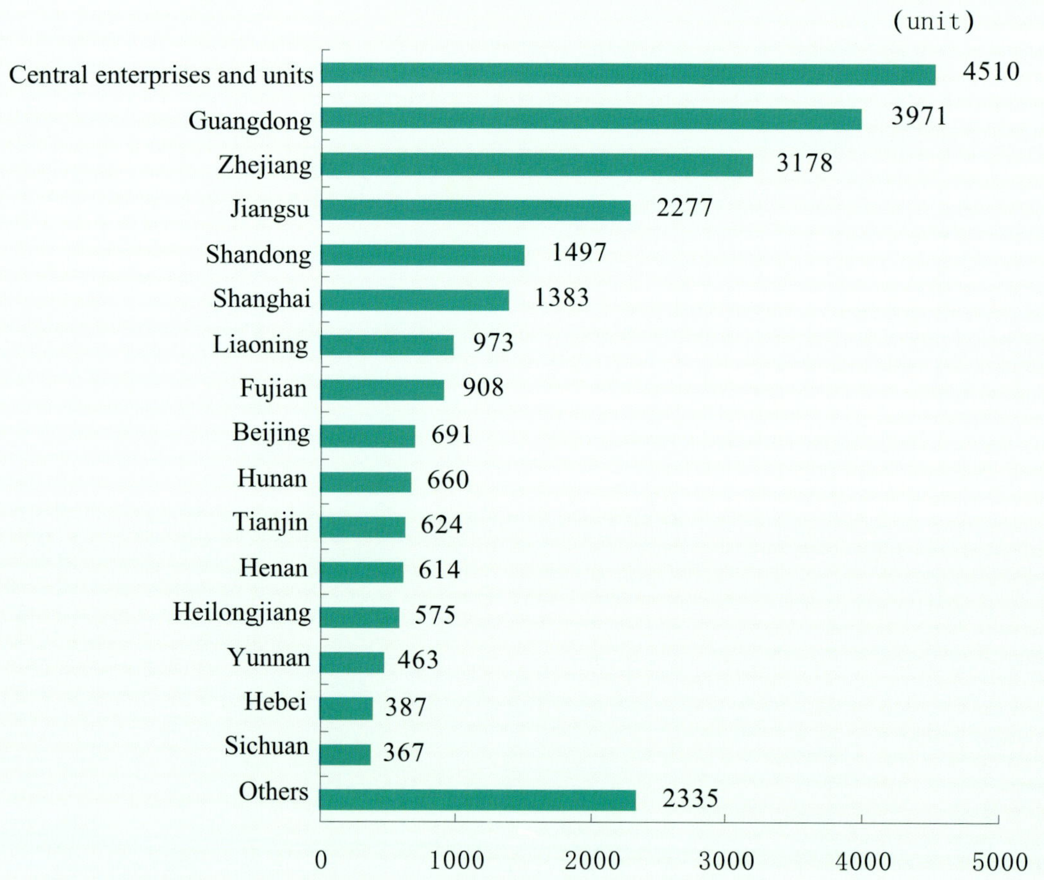

6.Statstics on China's Outward FDI

Table 1 China's Outward FDI Flows by Country and Region, 2005-2013

(millions of Dollars)

Country/Region	2005	2006	2007	2008	2009	2010	2011	2012	2013
Total	**12,261.17**	**17,633.97**	**26,506.09**	**55,907.17**	**56,528.99**	**68,811.31**	**74,654.04**	**87,803.53**	**107,843.71**
Asia	**4,484.17**	**7,663.25**	**16,593.15**	**43,547.50**	**40,407.59**	**44,890.46**	**45,494.45**	**64,784.94**	**75,604.26**
Afghanistan	--	0.25	0.10	113.91	16.39	1.91	295.54	17.61	-1.22
Bahrian	0.07	-1.92	--	0.12	--	--	--	5.08	-5.34
Bangladesh	0.18	5.31	3.64	4.50	10.75	7.24	10.32	33.03	41.37
Brunei	1.50	--	1.18	1.82	5.81	16.53	20.11	0.99	8.52
Cambodia	5.15	9.81	64.45	204.64	215.83	466.51	566.02	559.66	499.33
Cyprus	--	--	0.30	--	--	--	89.54	3.48	76.34
Hong Kong	3,419.70	6,930.96	13,732.35	38,640.30	35,600.57	38,505.21	35,654.84	51,238.44	62,823.78
India	11.16	5.61	22.02	101.88	-24.88	47.61	180.08	276.81	148.57
Indonesia	11.84	56.94	99.09	173.98	226.09	201.31	592.19	1,361.29	1,563.38
Iran	11.60	65.78	11.42	-34.53	124.83	511.00	615.56	702.14	745.27
Iraq	--	0.35	0.36	-1.66	1.79	48.14	122.44	148.40	20.02
Israel	6.00	1.00	2.22	-1.00	--	10.50	2.01	11.58	1.89
Japan	17.17	39.49	39.03	58.62	84.10	337.99	149.42	210.65	434.05
Jordan	1.01	-6.18	0.60	-1.63	0.11	0.07	0.18	9.83	0.77
Kazakhstan	94.93	46.00	279.92	496.43	66.81	36.06	581.60	2,995.99	811.49
Korea, Rep.	588.82	27.32	56.67	96.91	265.12	-721.68	341.72	942.40	268.75
Korea, DPR	6.50	11.06	18.40	41.23	5.86	12.14	55.95	109.46	86.20
Kuwait	--	4.06	-6.25	2.44	2.92	22.86	42.00	-11.88	-0.59
Kyrgyzstan	13.74	27.64	14.99	7.06	136.91	82.47	145.07	161.40	203.39
Lao PDR	20.58	48.04	154.35	87.00	203.24	313.55	458.52	808.82	781.48
Lebanon	--	--	--	--	--	0.42	--	--	0.68
Macau	8.34	-42.51	47.31	643.38	456.34	96.04	202.88	16.60	394.77
Malaysia	56.72	7.51	-32.82	34.43	53.78	163.54	95.13	199.04	616.38
Maldives	--	--	--	--	--	--	--	--	1.55
Mongolia	52.34	82.39	196.27	238.61	276.54	193.86	451.04	904.03	388.79
Myanmar	11.54	12.64	92.31	232.53	376.70	875.61	217.82	748.96	475.33
Nepal, FDR	1.35	0.32	0.99	0.01	1.18	0.86	8.58	7.65	36.97
Oman	5.22	26.68	2.59	-22.95	-6.24	11.03	9.51	3.37	-0.74
Pakistan	4.34	-62.07	910.63	265.37	76.75	331.35	333.28	88.93	163.57
Palestine	--	--	--	--	--	--	--	0.02	0.02

Table 1 Continued 1

(millions of Dollars)

Country/Region	2005	2006	2007	2008	2009	2010	2011	2012	2013
Philippines	4.51	9.30	4.50	33.69	40.24	244.09	267.19	74.90	54.40
Qatar	--	3.52	9.81	10.00	-3.74	11.14	38.59	84.46	87.47
Saudi Arabia	21.45	117.20	117.96	88.39	90.23	36.48	122.56	153.67	478.82
Singapore	20.33	132.15	397.73	1,550.95	1,414.25	1,118.50	3,268.96	1,518.75	2,032.67
Sri Lanka	0.03	0.25	-1.52	9.04	-1.40	28.21	81.23	16.75	71.77
Syria	0.20	0.13	-11.26	-1.17	3.43	8.12	-2.08	-6.07	-8.05
Taiwan Prov	--	-0.03	-0.05	-0.06	0.04	17.35	11.08	112.88	176.67
Tajikistan	0.77	6.98	67.93	26.58	16.67	15.42	22.10	234.11	72.33
Thailand	4.77	15.84	76.41	45.47	49.77	699.87	230.11	478.60	755.19
Timor-Leste	--	--	--	--	--	--	--	--	1.60
Turkey	0.24	1.15	1.61	9.10	293.26	7.82	13.50	108.95	178.55
Turkmenistan	--	-0.04	1.26	86.71	119.68	450.51	-383.04	12.34	-32.43
United Arab Emirates	26.05	28.12	49.15	127.38	88.90	348.83	314.58	105.11	294.58
Uzbekistan	0.09	1.07	13.15	39.37	4.93	-4.63	88.25	-26.79	44.17
Viet Nam	20.77	43.52	110.88	119.84	112.39	305.13	189.19	349.43	480.50
Yemen	35.16	7.61	43.47	18.81	1.64	31.49	-9.12	14.07	331.25
Africa	**391.68**	**519.86**	**1,574.31**	**5,490.55**	**1,438.87**	**2,111.99**	**3,173.14**	**2,516.66**	**3,370.64**
Algeria	84.87	98.93	145.92	42.25	228.76	186.00	114.34	245.88	191.30
Angola	0.47	22.39	41.19	-9.57	8.31	101.11	72.72	392.08	224.05
Benin	1.31	--	6.32	14.56	0.09	1.76	0.75	5.06	8.44
Botswana	3.69	2.76	1.87	14.06	18.44	43.85	21.86	21.10	10.19
Burkina Faso	--	--	--	--	--	--	--	--	4.34
Burundi	--	--	--	--	0.69	--	--	1.50	1.09
Cameroon	0.19	0.73	2.05	1.69	0.82	14.88	1.87	17.65	57.20
Cape Verde	0.32	0.23	0.09	0.48	--	-0.46	--	--	0.13
Central African	--	--	--	--	--	25.81	2.48	--	1.30
Chad	2.71	1.61	0.75	9.47	51.21	2.13	-12.48	80.68	120.95
Comoros	--	--	--	--	--	-0.01	--	0.50	--
Congo	8.11	13.24	2.50	9.79	28.07	34.38	6.81	98.80	109.94
Congo,DR	5.07	36.73	57.27	23.99	227.16	236.19	75.18	344.17	121.27
Cote d'lvoire	8.74	-2.91	1.74	-7.02	1.51	-5.02	0.87	3.61	-4.79
Djibouti	--	--	1.00	--	3.40	4.23	5.66	--	2.00
Egypt	13.31	8.85	24.98	14.57	133.86	51.65	66.45	119.41	23.22
Equatorial Guinea	6.35	10.19	12.82	-4.86	20.88	22.08	12.47	138.84	22.41
Eritrea	--	0.01	0.45	-0.49	0.23	2.94	3.30	1.96	0.90
Ethiopia	4.93	23.95	13.28	9.71	74.29	58.53	72.30	121.56	102.46
Gabon	2.08	5.53	3.31	32.05	11.88	23.44	1.93	30.69	32.10
Gambia	--	--	--	--	--	--	--	--	--
Ghana	2.57	0.50	1.85	10.99	49.35	55.98	40.07	208.49	122.51

Table 1 Continued 2

(millions of Dollars)

Country/Region	2005	2006	2007	2008	2009	2010	2011	2012	2013
Guinea	16.34	0.75	13.20	8.32	26.98	9.74	24.55	64.44	100.13
Kenya	2.05	0.18	8.90	23.23	28.12	101.22	68.17	78.73	230.54
Lesotho	0.60	--	--	0.62	0.10	0.56	0.03	0.21	--
Liberia	8.65	-7.03	--	2.56	1.12	29.89	21.09	12.00	30.34
Libyan Arab Jamahiriya	0.25	-8.51	42.26	10.54	-38.55	-10.50	47.88	-6.68	0.45
Madagascar	0.14	1.17	13.24	61.16	42.56	33.58	23.10	8.43	15.51
Malawi	--	--	0.20	5.44	--	9.86	1.20	10.33	8.25
Mali	--	2.60	6.72	-1.28	7.99	3.05	47.58	44.42	108.01
Mauritania	0.36	4.78	-4.98	-0.65	6.53	5.77	19.69	30.87	15.27
Mauritius	2.04	16.59	15.58	34.44	14.12	22.01	419.46	57.83	61.07
Morocco	0.85	1.78	2.64	6.88	16.42	1.75	9.11	1.05	7.74
Mozambique	2.88	--	10.03	5.85	15.85	0.28	20.26	230.52	131.89
Namibia	0.18	0.85	0.91	7.59	11.62	5.51	5.04	25.12	7.05
Niger	5.76	7.94	100.83	-0.01	39.87	196.25	51.63	-195.94	116.54
Nigeria	53.30	67.79	390.35	162.56	171.86	184.89	197.42	333.05	209.13
Republic of South Sudan	--	--	--	--	--	--	0.05	7.80	11.49
Rwanda	1.42	2.99	-0.41	12.88	8.62	12.72	9.69	5.02	-5.94
Sao Tome and Principe	--	--	--	--	--	0.02	--	0.07	--
Senegal	--	--	0.24	3.60	11.04	18.96	0.19	4.47	10.44
Seychelles	0.05	0.06	0.09	0.05	0.36	12.28	4.34	53.40	17.69
Sierra Leone	0.49	3.71	2.85	11.42	0.90	--	10.75	7.69	40.03
South Africa	47.47	40.74	454.41	4,807.86	41.59	411.17	-14.17	-814.91	-89.19
Sudan	91.13	50.79	65.40	-63.14	19.30	30.96	911.86	-1.69	140.91
Tanzania	0.96	12.54	-3.82	18.22	21.58	25.72	53.12	119.70	150.64
Togo	0.31	4.58	2.70	4.20	8.91	11.77	9.04	20.59	23.59
Tunisia	--	1.73	-0.34	--	-1.30	-0.29	3.76	-0.65	7.06
Uganda	0.17	0.23	4.01	-6.70	1.29	26.50	9.91	9.79	60.60
Zambia	10.09	87.44	119.34	213.97	111.80	75.05	291.78	291.55	292.86
Zimbabwe	1.47	3.42	12.57	-0.72	11.24	33.80	440.03	287.47	517.53
Europe	**395.49**	**597.71**	**1,540.43**	**875.79**	**3,352.72**	**6,760.19**	**8,251.08**	**7,035.09**	**5,948.53**
Albania	--	0.01	--	--	--	0.08	--	--	0.56
Austria	--	0.04	0.08	--	--	0.46	20.22	53.43	0.15
Azerbai jan	--	3.94	-1.15	-0.66	1.73	0.37	17.68	0.34	-4.43
Belarus	--	--	--	2.10	2.10	19.22	8.67	43.50	27.18
Belgium	--	0.13	4.91	--	23.62	45.33	35.90	98.40	25.78
Bosnia and Hercegovina	--	--	--	--	1.51	0.06	0.04	0.06	--

Table 1 Continued 3

(millions of Dollars)

Country/Region	2005	2006	2007	2008	2009	2010	2011	2012	2013
Bulgaria	1.72	--	--	--	-2.43	16.29	53.90	54.17	20.69
Croatia	--	--	1.20	--	0.26	0.03	0.05	0.05	--
Czech Republic	--	9.10	4.97	12.79	15.60	2.11	8.84	18.02	17.84
Denmark	10.79	-58.91	0.27	1.33	2.64	1.61	5.89	5.14	27.39
Finland	--	--	0.01	2.66	1.11	18.04	1.56	1.36	8.52
France	6.09	5.60	9.62	31.05	45.19	26.41	3,482.32	153.93	260.44
Georgia	--	9.94	8.21	10.00	7.78	40.57	0.80	68.74	109.62
Germany	128.74	76.72	238.66	183.41	179.21	412.35	512.38	799.33	910.81
Greece	--	--	0.03	0.12	--	--	0.43	0.88	1.90
Hungary	0.65	0.37	8.63	2.15	8.21	370.10	11.61	41.40	25.67
Iceland	--	--	--	--	--	-0.05	--	--	--
Ireland	--	25.29	0.20	42.33	-0.95	32.88	16.93	48.88	117.02
Italy	7.46	7.63	8.10	5.00	46.05	13.27	224.83	118.58	31.26
Latvia	--	--	-1.74	--	-0.03	--	--	--	--
Liechtenstein	--	--	0.28	--	0.07	3.55	--	--	--
Lithuania	--	--	--	--	--	--	--	1.00	5.51
Luxembourg	--	--	4.19	42.13	2,270.49	3,207.19	1,265.00	1,133.01	1,275.21
Macedonia	--	--	--	--	--	--	--	0.06	--
Malta	--	0.10	-0.10	0.47	0.22	-2.37	0.27	--	0.12
Netherlands	3.84	5.31	106.75	91.97	101.45	64.53	167.86	442.45	238.42
Norway	--	0.14	3.60	0.09	3.60	134.73	18.57	8.49	196.29
Poland	0.13	--	11.75	10.70	10.37	16.74	48.66	7.50	18.34
Portugal	--	--	--	--	--	--	--	5.15	14.94
Romania	2.87	9.63	6.80	11.98	5.29	10.84	0.30	25.41	2.17
Russian Federation	203.33	452.11	477.61	395.23	348.22	567.72	715.81	784.62	1,022.25
Serbia	--	--	--	--	--	2.10	0.21	2.10	11.50
Slovakia	--	--	--	--	0.26	0.46	5.94	2.19	0.33
Spain	1.47	7.30	6.09	1.16	59.86	29.26	139.74	46.24	-145.75
Sweden	1.00	5.30	68.06	10.66	8.10	1,367.23	49.01	285.22	170.82
Switzerland	0.59	1.01	1.21	0.01	20.99	27.25	17.19	8.64	128.26
Ukraine	2.03	1.83	5.65	2.41	0.03	1.50	0.77	2.07	10.14
United Kingdom	24.78	35.12	566.54	16.71	192.17	330.33	1,419.70	2,774.73	1,419.58
Latin America	**6,466.16**	**8,468.74**	**4,902.41**	**3,677.25**	**7,327.90**	**10,538.27**	**11,935.82**	**6,169.74**	**14,358.95**
Argentina	0.35	6.22	136.69	10.82	-22.82	27.23	185.15	743.25	221.41
Antigua & Barbuda	--	--	--	--	--	--	1.01	--	--
Bahamas	22.95	2.72	38.99	-55.91	1.00	--	--	--	--
Barbados	--	1.85	0.41	0.82	0.87	-2.11	--	0.81	0.92
Belize	--	--	--	0.06	--	-0.08	--	--	0.35

Table 1 Continued 4

(millions of Dollars)

Country/Region	2005	2006	2007	2008	2009	2010	2011	2012	2013
Bolivia	0.08	18.00	1.97	4.14	18.01	3.06	8.67	43.21	14.40
Brazil	15.09	10.09	51.13	22.38	116.27	487.46	126.40	194.10	310.93
Cayman Islands	5,162.75	7,832.72	2,601.59	1,524.01	5,366.30	3,496.13	4,936.46	827.43	9,253.40
Chile	1.80	6.58	3.83	0.93	7.78	33.71	13.99	26.22	11.79
Colombia	0.96	-3.36	0.22	6.76	5.74	6.94	33.25	83.51	17.93
Costa Rica	--	--	--	--	--	0.08	0.01	--	1.17
Cuba	1.58	30.37	6.58	5.56	12.93	-16.35	76.71	-5.57	-24.37
Dominica	--	--	--	--	--	--	0.50	--	0.30
Dominican	--	--	--	0.06	0.06	--	--	--	--
Ecuador	9.07	2.46	3.58	-9.42	17.90	22.06	-35.06	311.39	470.60
Grenada	--	--	--	0.12	--	--	--	--	--
Guyana	--	--	60.00	--	--	28.37	0.20	98.84	35.00
Honduras	--	--	-4.38	-0.90	--	--	--	--	--
Jamaica	--	--	--	2.14	--	2.21	35.45	35.86	4.74
Mexico	3.55	-3.69	17.16	5.63	0.82	26.73	41.54	100.42	49.73
Nicaragua								--	2.17
Panama	8.36	--	8.33	6.52	13.69	26.06	1.16	0.72	187.68
Paraguay	--	--	--	3.00	6.47	27.83	5.57	1.42	0.18
Peru	0.55	5.40	6.71	24.55	58.49	139.03	214.25	-49.37	114.60
St. Vincent and Grenadines	2.82	2.91	5.88	9.46	-9.46	9.05	--	--	--
Suriname	2.77	--	17.57	2.42	1.10	6.35	--	-33.23	29.00
Trinidad and Tobago	--	--	--	--	--	--	0.10	0.19	0.23
Uruguay	--	--	0.48	--	4.98	0.36	0.36	9.50	9.67
Venezuela	7.40	18.36	69.53	9.78	115.72	94.39	81.77	1,541.76	425.56
Virgin Islands, British	1,226.08	538.11	1,876.14	2,104.33	1,612.05	6,119.76	6,208.33	2,239.28	3,221.56
North America	**320.84**	**258.05**	**1,125.71**	**364.21**	**1,521.93**	**2,621.44**	**2,481.32**	**4,882.00**	**4,901.01**
Bermuda	56.58	24.94	-102.59	-104.84	0.06	170.86	115.83	38.99	18.93
Canada	32.44	34.77	1,032.57	7.03	613.13	1,142.29	554.07	795.16	1,008.65
United States	231.82	198.34	195.73	462.03	908.74	1,308.29	1,811.42	4,047.85	3,873.43
Oceania	**202.83**	**126.36**	**770.08**	**1,951.87**	**2,479.98**	**1,888.96**	**3,318.23**	**2,415.10**	**3,660.32**
Australia	193.07	87.60	531.59	1,892.15	2,436.43	1,701.70	3,165.29	2,172.98	3,457.98
Cook Islands	--	--	--	--	--	--	--	0.12	0.17
Fiji	0.25	4.65	2.49	7.97	2.40	5.57	19.63	68.32	58.32
Marshall Islands	--	2.00	34.16	8.00	26.70	13.18	-27.43	--	-12.10
Micronesia, Fs	0.16	--	6.25	-0.16	--	--	-2.89	3.41	0.46
New Zealand	3.47	3.49	-1.60	6.46	9.02	63.75	27.89	94.06	190.40
Palau	--	--	0.50	7.52	--	0.50	0.57	--	--
Papua New Guinea	5.88	28.62	196.81	29.92	4.80	5.33	16.65	25.69	43.02
Samoa	--	--	-0.12	--	0.63	98.93	117.73	47.59	-77.93
Vanuatu	--	--	--	--	--	--	0.79	2.93	--

Note: Data for 2005, 2006 include only non-financial outward FDI flows.

Table 2 China's Outward FDI Stock by Country and Region, 2005-2013

(millions of Dollars)

Country/Region	2005	2006	2007	2008	2009	2010	2011	2012	2013
Total	**57205.62**	**75025.55**	**117910.50**	**183970.71**	**245755.38**	**317210.59**	**424780.67**	**531940.58**	**660478.40**
Asia	**40954.31**	**47978.04**	**79217.93**	**131316.99**	**185547.20**	**228145.97**	**303434.70**	**364407.06**	**447408.28**
Afghanistan	0.45	0.67	0.77	114.69	181.32	168.59	465.13	482.74	487.42
Bahrian	1.99	0.27	0.75	0.87	0.87	0.87	1.02	6.80	1.46
Bangladesh	32.96	39.66	43.30	48.14	60.30	67.58	76.68	117.25	158.68
Brunei	1.90	1.90	4.38	6.51	17.37	45.66	66.13	66.35	72.12
Cambodia	76.84	103.66	168.11	390.66	633.26	1,129.77	1,757.44	2,317.68	2,848.57
Cyprus	1.06	1.06	1.36	1.36	1.36	1.36	90.90	94.95	171.26
Hong Kong	36507.08	42269.91	68781.32	115845.28	164498.94	199055.57	261518.52	306372.45	377093.14
India*	14.62	25.83	120.14	222.02	221.27	479.80	657.38	1,169.10	2,446.98
Indonesia	140.93	225.51	679.48	543.33	799.06	1,150.44	1,687.91	3,098.04	4,656.65
Iran	56.08	110.59	122.35	94.27	217.80	715.16	1,351.56	2,070.46	2,851.20
Iraq*	434.87	436.18	22.45	20.79	22.58	483.45	605.91	754.32	317.06
Israel*	6.32	8.65	10.87	9.87	11.37	21.87	23.88	38.46	34.05
Japan*	150.70	223.98	558.27	509.69	692.86	1,105.63	1,366.22	1,619.91	1,898.24
Jordan	17.47	11.06	11.95	10.32	10.54	12.63	12.81	22.54	23.43
Kazakhstan	245.24	276.24	609.93	1,402.30	1,516.21	1,590.54	2,858.45	6,251.39	6,956.69
Korea, Rep.*	882.22	949.24	1,214.14	850.34	1,217.80	637.25	1,582.68	3,081.90	1,963.08
Korea,DPR	31.04	45.55	67.13	118.63	261.52	240.10	312.61	422.36	585.51
Kuwait	1.23	6.31	0.51	2.96	5.88	50.87	92.86	82.84	89.39
Kyrgyzstan*	45.06	124.76	139.75	146.81	283.72	394.32	525.05	662.19	885.82
Lao PDR	32.87	96.07	302.22	305.19	535.67	845.75	1,276.20	1,927.84	2,770.92
Lebanon	0.17	0.44	0.44	0.44	1.57	2.01	2.01	3.01	3.69
Macau	598.70	612.47	910.67	1,560.78	1,837.23	2,229.29	2,675.89	2,929.27	3,409.14
Malaysia	186.83	196.96	274.63	361.20	479.89	708.80	797.62	1,026.13	1,668.18
Maldives	--	--	--	--	--	--	--	--	1.65
Mongolia	130.63	314.67	592.17	895.56	1,241.66	1,435.52	1,886.62	2,954.03	3,353.96
Myanmar	23.59	163.12	261.77	499.71	929.88	1,946.75	2,181.52	3,093.72	3,569.68
Nepal, FDR	2.99	3.59	8.66	8.67	14.13	15.94	24.80	33.58	75.31
Oman*	6.53	33.87	37.17	14.22	7.97	21.11	29.38	33.35	174.73
Pakistan	188.81	148.24	1,068.19	1,327.99	1,458.09	1,828.01	2,162.99	2,233.61	2,343.09
Palestine	--	--	--	--	--	--	--	0.02	0.04
Philippines	19.35	21.85	43.04	86.73	142.59	387.34	494.27	593.14	692.38
Qatar	2.70	8.48	39.79	49.79	36.28	77.05	130.18	220.66	254.02
Saudi Arabia	58.45	272.84	404.03	620.68	710.89	760.56	883.14	1,205.86	1,747.06
Singapore	325.48	468.01	1,443.93	3,334.77	4,857.32	6,069.10	10,602.69	12,383.33	14,750.70
Sri Lanka	15.43	8.46	7.74	16.78	15.81	72.74	162.58	178.58	292.65
Syria	3.76	16.81	5.55	4.38	8.49	16.61	14.83	14.46	6.41

Table 2 Continued 1

(millions of Dollars)

Country/Region	2005	2006	2007	2008	2009	2010	2011	2012	2013
Taiwan Prov	--	0.20	0.15	0.09	0.13	18.19	29.35	135.32	349.27
Tajikistan	22.79	30.28	98.99	227.17	162.79	191.63	216.74	476.12	599.41
Thailand*	219.18	232.67	378.62	437.16	447.88	1,080.00	1,307.26	2,126.93	2,472.43
Timor-Leste	0.10	0.45	0.45	0.45	7.45	7.45	7.45	7.45	9.05
Turkey*	4.23	10.38	11.99	22.36	386.17	403.63	406.48	502.51	642.31
Turkmenistan	0.20	0.16	1.42	88.13	207.97	658.48	276.48	287.77	253.23
United Arab Emirates	144.53	144.63	234.31	375.99	440.29	764.29	1,174.50	1,336.78	1,514.57
Uzbekistan	11.98	14.97	30.82	77.64	85.22	83.00	156.47	146.18	197.82
Viet Nam	229.18	253.63	396.99	521.73	728.50	986.60	1,290.66	1,604.38	2,166.72
Yemen	77.77	63.76	107.23	140.54	149.30	184.66	191.45	221.30	549.11
Africa	**1,595.25**	**2,556.82**	**4,461.83**	**7,803.83**	**9,332.27**	**13,042.12**	**16,244.32**	**21,729.71**	**26,185.77**
Algeria	171.21	247.37	393.89	508.82	751.26	937.26	1,059.45	1,305.33	1,497.21
Angola	8.79	37.23	78.46	68.89	195.54	351.77	400.59	1,245.10	1,634.74
Benin	19.00	22.12	35.60	53.15	54.01	39.33	40.03	47.60	49.91
Botswana	18.12	25.52	43.39	65.26	119.25	178.52	200.38	220.15	230.90
Burkina Faso	--	--	--	--	--	--	--	434	4.34
Burundi	--	1.65	1.65	1.65	4.64	6.51	7.20	8.70	9.79
Cameroon	7.87	16.46	18.51	20.34	25.05	59.61	61.54	79.50	148.40
Cape Verde	0.60	1.65	4.65	5.13	5.04	4.58	4.58	11.60	15.23
Central African Republic	2.00	3.98	3.98	3.98	16.71	46.54	51.02	51.02	60.38
Chad	2.71	12.78	13.53	25.36	76.57	80.00	108.12	194.12	321.26
Comoros	0.01	4.05	4.05	4.05	4.05	4.04	4.04	4.54	4.54
Congo	13.32	62.90	65.40	75.42	115.17	135.88	142.40	504.90	695.43
Congo,DR	25.11	37.61	104.40	134.14	397.43	630.92	709.26	970.49	1,091.76
Cote d'lvoire	29.11	25.04	28.18	21.16	37.65	32.99	34.67	40.04	35.00
Djibouti	0.40	0.60	1.60	1.60	7.03	12.47	18.13	17.99	30.55
Egypt	39.80	100.43	131.60	131.35	285.07	336.72	403.17	459.19	511.13
Equatorial Guinea*	16.56	30.44	44.63	40.62	61.50	86.25	98.68	404.64	260.85
Eritrea	0.12	6.63	7.22	6.73	9.60	12.54	14.31	103.78	104.55
Ethiopia	29.82	95.60	108.88	126.45	283.44	368.06	426.79	606.55	771.84
Gabon	35.36	51.28	55.59	88.14	100.05	125.34	127.10	128.47	168.48
Gambia	1.19	1.19	1.19	1.19	1.19	1.19	1.19	1.19	1.19
Ghana	7.33	8.09	41.87	58.02	185.04	202.00	270.15	505.27	834.84
Guinea	44.22	54.63	69.97	96.37	129.32	136.41	168.43	234.67	338.58
Guinea-Bissau	--	--	--	--	27.00	27.00	27.00	27.00	27.00
Kenya	58.25	46.23	55.13	78.36	120.36	221.58	308.83	402.73	635.90
Lesotho	0.60	7.60	7.60	8.22	8.32	8.88	8.91	9.13	9.13
Liberia	15.95	29.51	29.78	37.36	56.39	81.67	114.74	154.37	196.10
Libyan Arab Jamahiriya	33.06	28.57	70.83	81.58	42.69	32.19	67.78	65.19	108.82
Madagascar	49.94	54.34	76.01	146.52	196.22	229.87	253.63	274.55	286.10

Table 2 Continued 2

(millions of Dollars)

Country/Region	2005	2006	2007	2008	2009	2010	2011	2012	2013
Malawi*	0.73	0.96	1.16	6.59	14.54	32.40	30.07	49.30	253.82
Mali*	13.28	19.83	32.22	30.95	44.72	47.77	160.06	211.43	316.67
Mauritania*	2.40	20.12	15.14	24.76	31.29	45.88	74.71	106.15	108.28
Mauritius	26.81	51.16	115.90	230.07	242.84	283.29	605.94	700.80	849.59
Morocco	20.59	27.01	29.65	28.06	48.78	55.85	89.48	95.22	102.96
Mozambique	14.68	14.68	34.24	43.00	74.96	75.24	98.07	336.91	508.09
Namibia*	2.36	6.43	7.24	19.95	46.18	47.11	60.21	94.53	349.45
Niger	20.44	32.99	134.53	136.50	184.20	379.36	429.57	125.33	241.87
Nigeria*	94.11	215.94	630.32	795.91	1,025.96	1,210.85	1,415.61	1,949.87	2,146.07
Republic of South Sudan	--	--	--	--	--	--	0.05	10.90	26.47
Rwanda*	4.72	7.71	7.30	20.18	28.80	41.63	58.52	63.54	73.33
Sao Tome and Principe	--	--	--	--	--	0.31	0.31	0.38	0.38
Senegal*	2.35	4.15	4.39	10.61	26.07	45.03	45.20	102.22	83.25
Seychelles	4.19	6.46	6.55	6.60	7.00	19.36	23.80	77.19	103.47
Sierra Leone	18.45	14.89	32.28	43.70	51.23	41.48	52.23	57.71	108.36
South Africa*	112.28	167.62	702.37	3,048.62	2,306.86	4,152.98	4,059.73	4,775.07	4,400.40
Sudan	351.53	497.13	574.85	528.25	563.89	613.36	1,525.64	1,236.60	1,507.04
Tanzania	62.02	111.93	110.92	190.22	281.79	307.51	407.07	540.80	716.46
Togo	4.78	11.72	14.42	23.12	33.02	58.11	67.15	98.38	123.09
Tunisia	2.15	3.91	3.57	3.57	2.27	2.53	6.29	5.69	13.86
Uganda	4.97	14.67	18.68	11.98	58.56	113.68	126.21	141.10	383.76
Zambia*	160.31	267.86	429.36	651.33	843.97	943.73	1,199.84	1,998.11	2,164.32
Zimbabwe	41.63	46.15	59.15	60.01	99.75	134.54	576.44	874.67	1,520.83
Europe	**1,272.93**	**2,269.82**	**4,458.54**	**5,133.96**	**8,676.78**	**15,710.31**	**24,450.03**	**36,975.12**	**53,161.56**
Albania	0.50	0.51	0.51	0.51	4.35	4.43	4.43	4.43	7.03
Armenia*	1.25	1.25	1.25	1.25	1.32	1.32	1.32	1.32	7.51
Austria	0.07	0.32	4.04	4.04	1.55	2.01	24.54	79.46	76.66
Azerbai jan	2.65	10.92	10.19	9.53	12.00	12.38	30.06	31.68	38.34
Belarus	0.29	0.29	0.29	2.39	4.49	23.71	29.07	77.47	115.90
Belgium	2.34	2.67	33.98	33.30	56.91	101.01	140.50	230.69	315.01
Bosnia and Hercegovina	3.51	3.51	3.51	3.51	5.92	5.98	6.01	6.07	6.13
Bulgaria	2.99	4.74	4.74	4.74	2.31	18.60	72.56	126.74	149.85
Croatia	0.75	0.75	7.84	7.84	8.10	8.13	8.18	8.63	8.31
Czech Republic*	1.38	14.67	19.64	32.43	49.34	52.33	66.83	202.45	204.68
Denmark	96.59	36.48	36.75	38.08	40.79	42.47	49.13	53.24	84.37
Estonia	1.26	1.26	1.26	1.26	7.50	7.50	7.50	3.50	3.50
Finland	0.90	0.93	0.94	3.59	9.04	27.25	31.00	34.03	42.55
France	33.82	44.88	126.81	167.13	221.03	243.62	3,723.89	3,950.77	4,447.94

Table 2 Continued 3

(millions of Dollars)

Country/Region	2005	2006	2007	2008	2009	2010	2011	2012	2013
Georgia	22.15	32.09	42.93	65.86	75.33	130.17	109.35	178.08	330.75
Germany	268.35	472.03	845.41	845.50	1,082.24	1,502.29	2,401.44	3,104.35	3,979.38
Greece	0.35	0.35	0.38	1.68	1.68	4.23	4.63	5.98	119.79
Hungary	2.81	53.65	78.17	88.75	97.41	465.70	475.35	507.41	532.35
Iceland	1.10	0.05	0.05	0.05	0.05	--	--	--	--
Ireland	0.04	25.30	29.23	107.77	106.82	139.91	156.83	193.77	323.25
Italy	21.60	74.41	127.13	133.60	191.68	223.80	449.09	573.93	607.75
Latvia	1.61	2.31	0.57	0.57	0.54	0.54	0.54	0.54	0.54
Liechtenstein	--	--	0.28	0.28	0.36	3.91	3.91	3.91	3.91
Lithuania	3.93	3.93	3.93	3.93	3.93	3.93	3.93	6.97	12.48
Luxembourg	--	--	67.02	122.83	2,484.38	5,786.75	7,081.97	8,977.89	10,423.76
Macedonia*	0.20	0.20	0.20	0.20	0.20	0.20	0.20	0.26	2.09
Malta	1.37	1.97	1.87	4.81	5.03	2.66	3.37	3.37	3.49
Moldova*	0.78	0.78	0.78	0.78	0.78	0.78	0.78	2.11	3.87
Montenegro	--	--	0.32	0.32	0.32	0.32	0.32	0.32	0.32
Netherlands	14.95	20.43	138.76	234.42	335.87	486.71	664.68	1,107.92	3,193.09
Norway*	--	0.16	3.75	3.85	12.95	147.76	166.59	188.13	4,771.71
Poland	12.39	87.18	98.93	109.93	120.30	140.31	201.26	208.11	257.04
Portugal	--	0.20	1.71	1.71	5.02	21.37	33.13	40.38	55.32
Romania	39.43	65.63	72.88	85.66	93.34	124.95	125.83	161.09	145.13
Russian Federation*	465.57	929.76	1,421.51	1,838.28	2,220.37	2,787.56	3,763.64	4,888.49	7,581.61
Serbia	--	--	2.00	2.00	2.68	4.84	5.05	6.47	18.54
Serbia and Montenegro	2.00	2.00	--	--	--	--	--	--	--
Slovakia*	0.10	0.10	5.10	5.10	9.36	9.82	25.78	86.01	82.77
Slovenia	0.12	1.40	1.40	1.40	5.00	5.00	5.00	5.00	5.00
Spain	130.12	136.72	142.85	145.01	205.23	247.76	389.31	437.25	315.71
Sweden	22.46	20.02	146.93	157.59	111.89	1,479.12	1,531.22	2,408.17	2,737.71
Switzerland	2.45	7.58	8.88	8.91	30.30	58.54	91.94	101.32	296.54
Ukraine	2.78	6.54	13.51	15.92	20.79	22.29	29.29	33.14	51.98
United Kingdom*	107.97	201.87	950.31	837.66	1,028.28	1,358.35	2,530.58	8,934.27	11,797.90
Latin America	**11,469.61**	**19,694.37**	**24,700.91**	**32,240.15**	**30,595.48**	**43,875.64**	**55,171.75**	**68,211.63**	**86,095.93**
Antigua & Barbuda	0.40	1.25	1.25	1.25	1.25	1.25	4.84	5.44	6.30
Argentina	4.22	11.34	157.19	173.36	169.05	218.99	405.25	897.19	1,658.20
Bahamas	14.69	17.52	56.51	0.60	1.60	1.60	1.60	0.60	0.60
Barbados	1.65	2.01	2.42	3.25	6.00	3.88	3.13	3.95	4.97
Belize	--	0.02	0.02	0.08	0.08	--	--	--	0.35
Bolivia*	0.08	21.06	23.03	28.62	55.65	64.85	66.32	156.19	118.92
Brazil	81.39	130.41	189.55	217.05	360.89	923.65	1,071.79	1,449.51	1,733.58
Cayman Islands	8,935.59	14,209.19	16,810.68	20,327.45	13,577.07	17,256.27	21,692.32	30,072.00	42,324.06

Table 2 Continued 4

(millions of Dollars)

Country/Region	2005	2006	2007	2008	2009	2010	2011	2012	2013
Chile	3.71	10.84	56.80	58.09	66.02	109.58	97.94	126.28	179.04
Colombia	7.36	5.70	6.77	13.71	20.50	22.97	59.80	346.15	368.69
Costa Rica	--	--	--	--	2.00	2.08	2.09	2.09	3.26
Cuba	33.59	59.91	66.49	72.05	85.32	68.98	146.37	135.69	111.34
Dominica	--	0.70	0.70	0.70	0.70	4.15	8.15	8.15	8.45
Dominican	--	--	--	0.06	0.12	0.12	0.12	1.12	1.00
Ecuador	18.12	39.04	49.18	88.60	106.60	129.58	95.24	407.63	1,008.79
Grenada	--	4.03	7.53	7.65	7.65	14.52	14.54	14.54	14.54
Guyana*	5.60	8.60	68.60	69.50	149.61	183.17	135.13	151.88	225.18
Honduras	5.28	5.28	0.90	--	--	--	--	--	--
Jamaica	--	0.02	0.02	2.16	2.16	4.37	39.07	74.93	79.68
Mexico	141.86	128.61	151.44	173.08	173.90	152.87	263.88	368.48	409.87
Nicaragua	--	--	--	--	--	--	--	--	2.17
Panama	34.77	36.92	55.31	67.38	81.09	236.58	330.78	196.62	478.64
Paraguay	--	--	--	4.78	11.25	39.07	44.65	46.06	46.24
Peru*	129.22	130.40	137.11	194.34	284.54	654.49	802.24	752.87	867.78
St. Vincent and Grenadines	12.27	14.92	20.80	32.49	23.03	36.19	36.20	36.20	36.20
Suriname	13.02	32.21	65.28	67.70	68.80	78.84	78.84	45.61	111.93
Trinidad and Tobago	--	0.80	0.80	0.80	0.80	0.80	0.90	1.09	3.86
Uruguay	0.56	1.63	2.11	2.11	7.15	7.51	8.15	17.65	25.93
Venezuela	42.65	71.58	143.88	155.96	271.96	416.52	501.00	2,042.76	2,363.38
Virgin Islands, British	1983.58	4750.40	6626.54	10477.33	15060.69	23242.76	29261.41	30850.95	33902.98
North America	**1,263.23**	**1,587.02**	**3,240.89**	**3,659.78**	**5,184.70**	**7,829.26**	**13,472.43**	**25,502.99**	**28,609.74**
Bermuda Islands*	337.26	208.43	105.84	1.45	175.94	352.67	751.84	3,372.50	513.99
Canada	103.29	140.72	1,254.52	1,268.43	1,670.34	2,602.60	3,727.56	5,050.72	6,196.19
United States	822.68	1,237.87	1,880.53	2,389.90	3,338.42	4,873.99	8,993.03	17,079.77	21,899.56
Oceania	**650.29**	**939.48**	**1,830.40**	**3,816.00**	**6,418.95**	**8,607.29**	**12,007.44**	**15,114.07**	**19,017.12**
Australia	587.46	794.35	1,444.01	3,355.29	5,863.10	7,867.75	11,041.25	13,873.05	17,449.68
Cook Islands	--	--	--	--	--	--	--	0.12	0.29
Fiji*	9.55	18.67	22.42	30.60	33.00	39.43	61.07	170.91	208.41
Kiribati	--	--	--	--	--	--	--	--	0.82
Marshall Islands	--	2.00	36.16	44.16	80.86	73.52	107.37	116.87	116.87
Micronesia, Fs	0.50	1.16	7.41	7.25	7.25	7.25	4.36	7.77	8.23
New Zealand	35.18	51.27	51.17	69.65	93.85	159.11	185.46	273.85	541.73
Palau	--	--	0.50	8.50	8.52	9.02	9.59	9.59	9.59
Papua New Guinea	8.43	61.30	258.11	289.93	315.11	323.26	341.52	365.48	422.30
Samoa	0.90	0.90	0.78	0.78	2.40	101.33	229.79	266.01	188.08
Solomon Islands	--	--	--	--	--	--	--	--	--
Tonga	5.54	7.11	7.11	7.11	7.11	7.11	7.11	7.11	7.11
Vanuatu*	2.73	2.73	2.73	2.73	7.75	12.84	19.92	23.31	64.01
Oth. Ocean. nes	--	--	--	--	--	6.67	--	--	--

Note: 1."*" The Stock for 2013 are recomputed after adjustment of historical Data.
2.Data for 2005, 2006 include only non-financial outward FDI Stock.

Table 3 Distribution of China's Outward FDI Flows by Industry, 2005-2013

(millions of Dollars)

Industry	2005	2006	2007	2008	2009	2010	2011	2012	2013
A Agriculture, Forestry, Animal Husbandry and Fishery	105.36	185.04	271.71	171.83	342.79	533.98	797.75	1461.38	1813.13
B Mining	1675.22	8539.51	4062.77	5823.51	13343.09	5714.86	14445.95	13543.80	24807.79
C Manufacturing	2280.40	906.61	2126.50	1766.03	2240.97	4664.17	7041.18	8667.41	7197.15
D Production and Supply of Electricity Gas and Water	7.66	118.74	151.38	1313.49	468.07	1006.43	1875.43	1935.34	680.43
E Construction	81.86	33.23	329.43	732.99	360.22	1628.26	1648.17	3245.36	4364.30
F Wholesale and Retail Trade	2260.12	1113.91	6604.18	6514.13	6135.75	6728.78	10324.12	13048.54	14646.82
G Transport, Storage and Post	576.79	1376.39	4065.48	2655.74	2067.52	5655.45	2563.92	2988.14	3307.23
H Lodging and Catering Services	7.58	2.51	9.55	29.50	74.87	218.20	116.93	136.63	82.16
I Information Transmission, Computer Services and Software	14.79	48.02	303.84	298.75	278.13	506.12	776.46	1240.14	1400.88
J Finance	--	3529.99	1667.80	14048.00	8733.74	8627.39	6070.50	10070.84	15105.32
K Real Estate	115.63	383.76	908.52	339.01	938.14	1613.08	1974.42	2018.13	3952.51
L Leasing and Business Service	4941.59	4521.66	5607.34	21717.23	20473.78	30280.70	25597.26	26740.80	27056.17
M Scientific Research and Technical Service	129.42	281.61	303.90	166.81	775.73	1018.86	706.58	1478.50	1792.21
N Management Of Water Conservancy, Environment and Public Facilities	0.13	8.25	2.71	141.45	4.34	71.98	255.29	33.57	144.89
O Residents Service, Repair and Other Service	62.79	111.51	76.21	165.36	267.73	321.05	328.63	890.40	1129.18
P Education	--	2.28	8.92	1.54	2.45	2.00	20.08	102.83	35.66
Q Health, Social Works	--	0.18	0.75		1.91	33.52	6.39	5.38	17.03
R Culture, Sports and Entertainment	0.12	0.76	5.10	21.80	19.76	186.48	104.98	196.34	310.85
S Public Management, Social Security and Social Organizations	1.71	--	--	--	--	--	--	--	--
Total	**12261.17**	**21163.96**	**26506.09**	**55907.17**	**56528.99**	**68811.31**	**74654.04**	**87803.53**	**107843.71**

Table 4 Distribution of China's Outward FDI Stock by Industry, 2005-2013

(millions of Dollars)

	Industry	2005	2006	2007	2008	2009	2010	2011	2012	2013
A	Agriculture, Forestry, Animal Husbandry and Fishery	511.62	816.70	1206.05	1467.62	2028.44	2612.08	3416.64	4964.43	7179.12
B	Mining	8651.61	17901.62	15013.81	22868.40	40579.69	44660.64	66995.37	74784.20	106170.92
C	Manufacturing	5770.28	7529.62	9544.25	9661.88	13591.55	17801.66	26964.43	34140.07	41976.84
D	Production and Supply of Electricity Gas and Water	287.31	445.54	595.39	1846.76	2255.61	3410.68	7140.56	8992.10	11196.60
E	Construction	1203.99	1570.32	1634.34	2680.70	3413.22	6173.28	8051.10	12856.04	19445.74
F	Wholesale and Retail Trade	11417.91	12955.20	20232.88	29858.66	35694.99	42006.45	49093.63	68211.88	87647.68
G	Transport, Storage and Post	7082.97	7568.19	12059.04	14520.02	16631.33	23187.80	25261.31	29226.53	32227.78
H	Lodging and Catering Services	46.40	61.18	120.67	136.69	243.29	449.86	603.86	763.27	947.43
I	Information Transmission, Computer Services and Software	1323.50	1449.88	1900.89	1666.96	1967.24	8406.24	9553.24	4819.71	7384.40
J	Finance	--	15605.37	16719.91	36693.88	45994.03	55253.21	67393.29	96453.37	117079.83
K	Real Estate	1495.20	2018.58	4513.86	4098.14	5343.43	7266.42	8986.16	9581.41	15421.26
L	Leasing and Business Service	16553.60	19463.60	30515.03	54583.03	72949.00	97246.05	142290.02	175697.95	195733.54
M	Scientific Research and Technical Service	604.31	1121.29	1521.03	1981.89	2874.13	3967.12	4388.38	6792.76	8669.73
N	Management Of Water Conservancy, Environment and Public Facilities	910.02	918.39	921.21	1062.89	1065.08	1133.43	2401.96	70.56	342.42
O	Residents Service, Repair and Other Service	1323.38	1174.20	1298.85	714.68	961.37	3229.74	1615.58	3581.24	7688.55
P	Education	--	2.28	17.40	17.49	21.23	23.94	66.57	164.79	201.05
Q	Health, Social Works	0.11	2.81	3.69	3.69	6.10	36.16	17.15	46.76	64.84
R	Culture, Sports and Entertainment	5.38	26.14	92.20	107.33	135.65	345.83	541.42	793.51	1100.67
S	Public Management, Social Security and Social Organizations	18.03	--	--	--	--	--	--	--	--
	Total	**57205.62**	**90630.91**	**117910.50**	**183970.71**	**245755.38**	**317210.59**	**424780.67**	**531940.58**	**660478.40**

Table 5 China's outward FDI flows by province, 2005-2013 (Non-Financial Part)

(millions of Dollars)

Province/Region	2005	2006	2007	2008	2009	2010	2011	2012	2013
Central Co, total	**10,203.69**	**15,236.92**	**19,584.88**	**35,982.84**	**38,192.75**	**42,436.98**	**45,023.14**	**43,526.93**	**56,324.49**
Provincial total	**2,057.48**	**2,397.05**	**5,253.41**	**5,876.33**	**9,602.50**	**17,745.42**	**23,560.36**	**34,205.76**	**36,414.89**
Beijing	113.06	56.12	152.95	472.99	451.85	766.14	1,175.03	1,688.55	4,130.10
Tianjin	18.87	28.08	79.93	82.00	209.92	341.32	407.06	674.95	1,120.20
Hebei	85.38	48.80	53.94	53.63	219.93	532.37	463.63	578.09	927.57
Shanxi	5.62	18.49	83.47	27.02	332.95	79.26	183.19	309.66	564.83
Inner Mongolia	21.81	25.22	42.35	61.90	155.47	80.42	128.25	518.45	408.80
Liaoning	30.19	97.01	128.33	106.00	757.86	1,935.66	1,143.84	2,762.60	1,294.99
Dalian	11.44	67.48	65.42	44.27	463.84	1,632.29	745.91	2,030.87	1,044.50
Jilin	10.83	29.48	83.22	106.73	298.14	213.40	204.93	296.41	752.40
Heilongjiang	166.43	217.96	178.51	227.97	121.31	237.80	238.34	724.05	773.38
Shanghai	666.80	448.63	522.66	337.14	1,208.69	1,584.68	1,838.02	3,316.18	2,675.24
Jiangsu	108.28	124.03	518.99	493.84	850.61	1,371.19	2,253.83	3,130.50	3,020.01
Zhejiang	158.17	215.28	403.46	387.68	702.26	2,679.15	1,852.87	2,360.23	2,552.76
Ningbo	32.85	36.74	52.53	225.15	210.97	394.60	755.73	638.39	844.68
Anhui	19.02	34.12	50.79	60.51	57.82	813.65	530.89	710.43	910.55
Fujian	42.53	95.84	368.47	161.69	365.82	534.95	530.28	857.05	952.49
Xiamen	6.23	0.90	190.99	41.59	123.89	228.81	152.76	234.00	264.63
Jiangxi	6.54	0.48	15.36	25.87	22.65	94.70	188.33	373.16	380.91
Shandong	159.04	126.66	189.28	474.78	704.41	1,890.01	2,473.39	3,456.21	4,264.72
Qingdao	8.64	22.37	48.98	15.47	104.72	461.97	234.66	919.85	1,022.67
Henan	85.38	7.63	70.36	131.28	120.75	118.64	282.51	341.17	589.71
Hubei	4.85	2.86	9.03	3.50	41.16	80.61	709.03	496.87	520.11
Hunan	30.67	59.21	140.88	254.46	1,005.68	274.77	1,176.28	994.99	569.70
Guangdong	207.08	629.97	1,141.01	1,242.51	922.98	1,599.77	3,633.50	5,288.21	5,942.88
Shenzhen	92.00	452.88	924.33	763.75	414.47	608.78	1,133.06	3,368.33	3,008.14
Guangxi	3.21	3.90	26.20	38.44	81.69	186.82	167.14	272.40	81.34
Hainan	0.06	3.43	1.22	0.82	60.72	221.79	1,219.99	320.12	817.31
Chongqing	5.90	16.91	87.13	104.48	47.47	361.09	401.25	529.60	346.55
Sichuan	26.66	28.31	291.20	81.07	107.40	690.97	563.41	595.09	584.47
Guizhou	--	--	0.51	0.25	5.22	2.89	20.33	20.25	208.15
Yunnan	20.72	29.07	136.41	284.67	270.08	513.39	248.45	1,040.46	830.36
Xizang	--	--	--	--	--	0.29	2.16	0.02	0.22
Shaanxi	3.02	1.15	20.58	140.63	224.62	260.55	448.16	607.84	307.89
Gansu	37.70	20.87	153.64	358.08	18.52	101.76	649.17	1,382.09	431.82
Qinghai	1.00	0.80	1.10	2.02	2.09	1.38	1.73	12.80	35.96
Ningxia	1.09	18.18	5.69	5.02	15.09	7.11	12.95	64.21	86.26
Xinjiang	8.61	1.72	85.35	69.34	180.57	47.76	314.74	431.23	315.79
Xinjiang P&C Group	8.96	6.84	211.39	79.99	38.77	121.11	97.68	51.89	17.42
Total	**12,261.17**	**17,633.97**	**24,838.29**	**41,859.17**	**47,795.25**	**60,182.40**	**68,583.50**	**77,732.69**	**92,739.38**

Table 6 China's outward FDI stock by province, 2005-2013(Non-Financial Part)

(millions of Dollars)

Province/Region	2005	2006	2007	2008	2009	2010	2011	2012	2013
Central Co, total	**47,875.44**	**61,628.23**	**79,443.76**	**119,740.85**	**160,143.26**	**201,787.90**	**272,460.46**	**311,424.14**	**378,500.16**
Provincial total	**9,330.18**	**13,397.32**	**21,746.84**	**27,535.98**	**39,618.09**	**60,169.48**	**84,926.97**	**124,063.07**	**164,900.05**
Beijing	929.40	918.73	1,591.95	2,510.19	3,758.65	4,808.82	6,033.80	7,577.92	12,764.56
Tianjin	60.78	159.00	252.00	321.61	581.16	967.29	1,386.78	2,115.13	3,593.31
Hebei	261.54	327.70	382.48	524.15	886.92	1,377.24	1,954.70	2,387.10	3,490.45
Shanxi	88.69	187.02	272.00	181.59	533.39	636.54	830.21	1,060.47	1,538.65
Inner Mongolia	41.16	88.75	139.84	204.05	401.00	470.55	565.17	1,222.60	1,678.80
Liaoning	82.21	279.70	443.95	605.54	1,492.30	3,406.96	4,356.98	6,952.81	7,731.17
Dalian	43.43	163.44	255.39	348.88	830.94	2,475.20	2,969.03	4,803.16	5,298.18
Jilin	79.45	107.84	215.54	379.29	707.67	899.58	1,115.48	1,453.96	2,139.24
Heilongjiang	326.72	601.71	711.44	993.53	1,062.35	1,280.44	1,727.92	2,529.93	3,350.10
Shanghai	1,840.81	2,612.73	3,025.38	2,186.11	3,589.37	6,094.33	6,374.73	13,951.06	17,843.61
Jiangsu	390.98	588.71	1,164.99	1,726.77	2,498.72	3,888.14	5,701.94	7,831.85	11,163.11
Zhejiang	407.08	702.68	1,162.59	1,547.16	2,959.23	5,845.28	7,189.13	8,548.64	10,988.48
Ningbo	102.83	148.34	235.10	460.39	650.48	1,064.30	1,875.24	2,120.67	3,230.64
Anhui	41.83	100.62	153.51	203.79	275.94	1,108.42	1,654.08	2,371.20	3,795.59
Fujian	208.73	523.71	916.08	1,132.31	1,588.00	1,967.73	2,447.54	3,237.01	3,967.78
Xiamen	13.60	54.17	212.42	316.66	388.13	604.43	805.57	995.78	1,096.23
Jiangxi	8.81	20.22	54.78	91.26	129.05	221.36	397.51	789.34	1,191.80
Shandong	676.73	1,103.40	1,613.60	2,080.25	2,622.55	4,958.23	8,626.20	11,970.09	16,047.38
Qingdao	197.52	390.67	693.25	596.36	464.87	1,237.74	1,490.36	2,453.39	3,228.06
Henan	176.24	86.66	217.03	330.01	576.55	706.89	974.60	1,441.88	1,953.52
Hubei	22.92	40.31	49.72	56.00	99.92	177.94	883.51	1,375.79	1,733.18
Hunan	34.81	103.29	293.44	674.27	2,047.82	2,716.26	3,295.77	4,133.31	4,547.24
Guangdong	3,180.40	4,173.18	7,243.11	8,685.14	9,545.23	11,629.51	17,981.11	25,176.17	34,233.75
Shenzhen	1,128.04	2,123.50	4,002.71	4,806.19	4,739.86	6,152.87	8,329.18	13,201.98	18,567.99
Guangxi	52.69	44.34	96.29	137.80	301.11	525.05	687.01	866.88	1,061.68
Hainan	11.70	13.83	43.42	44.23	112.60	335.66	1,652.62	3,328.20	3,434.23
Chongqing	63.00	74.19	160.71	276.74	303.23	655.65	1,105.72	1,709.51	1,939.59
Sichuan	87.40	143.39	443.22	397.58	535.24	1,253.52	1,924.78	2,245.73	2,655.93
Guizhou	3.94	1.94	4.45	18.66	22.29	20.35	49.52	87.46	327.08
Yunnan	53.14	103.29	261.13	569.96	947.84	1,555.04	1,829.14	2,958.05	3,865.67
Xizang	1.60	1.60	1.00	1.52	1.52	1.80	3.77	10.33	12.27
Shaanxi	13.65	28.64	56.67	192.99	415.18	697.86	1,138.06	1,793.87	2,002.87
Gansu	59.76	81.75	245.50	592.91	610.85	711.58	1,339.50	2,685.62	3,159.85
Qinghai	2.03	2.83	3.40	4.92	7.51	8.90	13.04	31.49	90.62
Ningxia	11.79	29.34	26.45	37.29	39.79	46.72	59.56	119.34	196.24
Xinjiang	43.01	89.94	142.12	384.19	516.01	689.83	1,033.90	1,454.44	1,749.51
Xinjiang P&C Group	67.18	56.28	359.05	444.16	449.10	505.98	593.19	645.89	652.79
Total	**57,205.62**	**75,025.55**	**101,190.60**	**147,276.83**	**199,761.35**	**261,957.38**	**357,387.43**	**435,487.21**	**543,400.21**

Table 7 China's outward FDI flows into EU countries, 2005-2013

(millions of Dollars)

Country/Region	2005	2006	2007	2008	2009	2010	2011	2012	2013
Austria	--	0.04	0.08	--	--	0.46	20.22	53.43	0.15
Belgium	--	0.13	4.91	--	23.62	45.33	35.90	98.40	25.78
Bulgaria	1.72	--	--	--	-2.43	16.29	53.90	54.17	20.69
Croatia	--	--	1.20	--	0.26	0.03	0.05	0.05	--
Cyprus	--	--	0.30	--	--	--	89.54	3.48	76.34
Czech Republic	--	9.10	4.97	12.79	15.60	2.11	8.84	18.02	17.84
Denmark	10.79	-58.91	0.27	1.33	2.64	1.61	5.89	5.14	27.39
Estonia	--	--	--	--	--	--	--	--	--
Finland	--	--	0.01	2.66	1.11	18.04	1.56	1.36	8.52
France	6.09	5.60	9.62	31.05	45.19	26.41	3482.32	153.93	260.44
Germany	128.74	76.72	238.66	183.41	179.21	412.35	512.38	799.33	910.81
Greece	--	--	0.03	0.12	--	--	0.43	0.88	1.90
Hungary	0.65	0.37	8.63	2.15	8.21	370.10	11.61	41.40	25.67
Ireland	--	25.29	0.20	42.33	-0.95	32.88	16.93	48.88	117.02
Italy	7.46	7.63	8.10	5.00	46.05	13.27	224.83	118.58	31.26
Latvia	--	--	-1.74	--	-0.03	--	--	--	--
Lithuania	--	--	--	--	--	--	--	1.00	5.51
Luxembourg	--	--	4.19	42.13	2270.49	3207.19	1265.00	1133.01	1275.21
Malta	--	0.10	-0.10	0.47	0.22	-2.37	0.27	--	0.12
Netherlands	3.84	5.31	106.75	91.97	101.45	64.53	167.86	442.45	238.42
Poland	0.13	--	11.75	10.70	10.37	16.74	48.66	7.50	18.34
Portugal	--	--	--	--	--	--	--	5.15	14.94
Romania	2.87	9.63	6.80	11.98	5.29	10.84	0.30	25.41	2.17
Slovakia	--	--	--	--	0.26	0.46	5.94	2.19	0.33
Slovenia	--	--	--	--	--	--	--	--	--
Spain	1.47	7.30	6.09	1.16	59.86	29.26	139.74	46.24	-145.75
Sweden	1.00	5.30	68.06	10.66	8.10	1367.23	49.01	285.22	170.82
United Kingdom	24.78	35.12	566.54	16.71	192.17	330.33	1419.70	2774.73	1419.58
Tatal	**189.54**	**128.73**	**1044.12**	**466.62**	**2966.43**	**5963.06**	**7560.83**	**6119.90**	**4523.50**

Note:1.Data for 2005, 2006 include only non-financial outward FDI flows.

2.The Sum of the Europe Union do not include Croatia untill 2013.

Table 8 China's outward FDI stock into EU countries, 2005-2013

(millions of Dollars)

Country/Region	2005	2006	2007	2008	2009	2010	2011	2012	2013
Austria	0.07	0.32	4.04	4.04	1.55	2.01	24.54	79.46	76.66
Belgium	2.34	2.67	33.98	33.30	56.91	101.01	140.50	230.69	315.01
Bulgaria	2.99	4.74	4.74	4.74	2.31	18.60	72.56	126.74	149.85
Croatia	75	75	784	784	810	813	818	863	8.31
Cyprus	1.06	1.06	1.36	1.36	1.36	1.36	90.90	94.95	171.26
Czech Republic	1.38	14.67	19.64	32.43	49.34	52.33	66.83	202.45	204.68
Denmark	96.59	36.48	36.75	38.08	40.79	42.47	49.13	53.24	84.37
Estonia	1.26	1.26	1.26	1.26	7.50	7.50	7.50	3.50	3.50
Finland	0.90	0.93	0.94	3.59	9.04	27.25	31.00	34.03	42.55
France	33.82	44.88	126.81	167.13	221.03	243.62	3,723.89	3,950.77	4,447.94
Germany	268.35	472.03	845.41	845.50	1,082.24	1,502.29	2,401.44	3,104.35	3,979.38
Greece	0.35	0.35	0.38	1.68	1.68	4.23	4.63	5.98	119.79
Hungary	2.81	53.65	78.17	88.75	97.41	465.70	475.35	507.41	532.35
Ireland	0.04	25.30	29.23	107.77	106.82	139.91	156.83	193.77	323.25
Italy	21.60	74.41	127.13	133.60	191.68	223.80	449.09	573.93	607.75
Latvia	1.61	2.31	0.57	0.57	0.54	0.54	0.54	0.54	0.54
Lithuania	3.93	3.93	3.93	3.93	3.93	3.93	3.93	6.97	12.48
Luxembourg	--	--	67.02	122.83	2,484.38	5,786.75	7,081.97	8,977.89	10423.76
Malta	1.37	1.97	1.87	4.81	5.03	0.20	3.37	3.37	3.49
Netherlands	14.95	20.43	138.76	234.42	335.87	486.71	664.68	1,107.92	3,193.09
Poland	12.39	87.18	98.93	109.93	120.30	140.31	201.26	208.11	257.04
Portugal	--	0.20	1.71	1.71	5.02	21.37	33.13	40.38	55.32
Romania	39.43	65.63	72.88	85.66	93.34	124.95	125.83	161.09	145.13
Slovakia	0.10	0.10	5.10	5.10	9.36	9.82	25.78	86.01	82.77
Slovenia	0.12	1.40	1.40	1.40	5.00	5.00	5.00	5.00	5.00
Spain	130.12	136.72	142.85	145.01	205.23	247.76	389.31	437.25	315.71
Sweden	22.46	20.02	146.93	157.59	111.89	1,479.12	1,531.22	2,408.17	2,737.71
United Kingdom	107.97	201.87	950.31	837.66	1,028.28	1,358.35	2,530.58	8,934.27	11797.92
Total	**768.01**	**1274.51**	**2942.10**	**3173.85**	**6277.83**	**12496.89**	**20290.79**	**31538.24**	**40096.61**

Note:1.Data for 2005, 2006 include only non-financial outward FDI stock.
2.The Sum of the Europe Union do not include Croatia untill 2013.

Table 9 China's Outward FDI Flows in ASEAN Countries, 2005-2013

(millions of Dollars)

Country/Region	2005	2006	2007	2008	2009	2010	2011	2012	2013
Brunei	0.02	--	1.18	1.82	5.81	16.53	20.11	0.99	8.52
Cambodia	5.15	9.81	64.45	204.64	215.83	466.51	566.02	559.66	499.33
Indonesia	11.84	56.94	99.09	173.98	226.09	201.31	592.19	1,361.29	1,563.38
Lao PDR	20.58	48.04	154.35	87.00	203.24	313.55	458.52	808.82	781.48
Malaysia	56.72	7.51	-32.82	34.43	53.78	163.54	95.13	199.04	616.38
Myanmar	11.54	12.64	92.31	232.53	376.70	875.61	217.82	748.96	475.33
Philippines	4.51	9.30	4.50	33.69	40.24	244.09	267.19	74.90	54.40
Singapore	20.33	132.15	397.73	1,550.95	1,414.25	1,118.50	3,268.96	1,518.75	2,032.67
Thailand	4.77	15.84	76.41	45.47	49.77	699.87	230.11	478.60	755.19
Viet Nam	20.77	43.52	110.88	119.84	112.39	305.13	189.19	349.43	480.50
Total	**157.71**	**335.75**	**968.08**	**2,484.35**	**2,698.10**	**4,404.64**	**5,905.24**	**6,100.44**	**7,267.18**

Note:Data for 2005, 2006 include only non-financial outward FDI flows.

Table 10 China's outward FDI stocks in ASEAN countries, 2005-2013

(millions of Dollars)

Country/ Region	2005	2006	2007	2008	2009	2010	2011	2012	2013
Brunei	1.90	1.90	4.38	6.51	17.37	45.66	66.13	66.35	72.12
Cambodia	76.84	103.66	168.11	390.66	633.26	1,129.77	1,757.44	2,317.68	2,848.57
Indonesia	140.93	225.51	679.48	543.33	799.06	1,150.44	1,687.91	3,098.04	4,656.65
Lao PDR	32.87	96.07	302.22	305.19	535.67	845.75	1,276.20	1,927.84	2,770.92
Malaysia	186.83	196.96	274.63	361.20	479.89	708.80	797.62	1,026.13	1,668.18
Myanmar	23.59	163.12	261.77	499.71	929.88	1,946.75	2,181.52	3,093.72	3,569.68
Philippines	19.35	21.85	43.04	86.73	142.59	387.34	494.27	593.14	692.38
Singapore	325.48	468.01	1,443.93	3,334.77	4,857.32	6,069.10	10602.69	12383.33	14750.70
Thailand	219.18	232.67	378.62	437.16	447.88	1,080.00	1,307.26	2,126.93	2,472.43
Viet Nam	229.18	253.63	396.99	521.73	728.50	986.60	1,290.66	1,604.38	2,166.72
Total	**1,256.15**	**1,763.38**	**3,953.17**	**6,486.99**	**9,571.42**	**14350.21**	**21461.70**	**28237.54**	**35668.35**

Note:Data for 2005, 2006 include only non-financial outward FDI stocks.

Table 11 The Top 100 Non-financial Chinese TNCs Ranked by Outward FDI Stock, 2013

NO.	Name of Enterprise
1	China Petrochemical Corporation
2	China National Petroleum Corporation
3	China National Offshore Oil Corporation
4	China Mobile Communications Corporation
5	China Resources (Holdings) Co.,Ltd.
6	China Ocean Shipping (Group) Company
7	Sinochem Corporation
8	China State Construction Engineering Corporation
9	China Merchants Group
10	Aluminum Corporation of China
11	China Unicom Corporation
12	Huawei Technologies Co.,Ltd.
13	China National Chemical Corporation
14	China Minmetals Corporation
15	CITIC Group
16	China Communication Construction Company Ltd.
17	China National Cereals, Oils & Foodsuffs Corp.
18	China National Aviation Holding Corporation
19	China Three Gorges Corporation
20	State Grid Corporation of China
21	China Shipping (Group) Company
22	SinoSteel Corporation
23	GDH Limited
24	SINOTRANS&CSC Holdings Co., Ltd.
25	China North Industries Group Corporation
26	China Huaneng Group
27	HNA Group
28	Yanzhou Coal Mining Company Limited
29	Power Construction Corporation of China.
30	China Nonferrous Metal Mining (Group) Co.,Ltd.
31	Wuhan Iron & Steel (Group) Corporation

Table 11 Continued 1

NO.	Name of Enterprise
32	Shanghai Geely ZhaoYuan Investments Int. Ltd.
33	Jinchuan Group Ltd.
34	Shanghai Baosteel Group Corporation
35	Aviation Industry Corporation of China
36	China Metallurgical Group Corp.
37	Legend Holdings Ltd.
38	China Railway Construction Corporation
39	China Power Investment Corporation
40	Shenhua Group Corporation Ltd.
41	Guangzhou Yuexiu Holdings Limited
42	Anhui Foreign Economic Construction (Group) Co.,Ltd.
43	Midea Group Co.,Ltd.
44	China National Travel Service (HK) Group Corp.
45	Dalian Wanda Group Co.,Ltd.
46	China General Nuclear Power Group
47	Anshan Iron & Steel Group Corporation
48	Shanghai Pharmaceuticals Holding Co.,Ltd.
49	China Datang Corporation
50	China National Heavy Duty Truck Group Co.,Ltd.
51	Shum Yip Holdings Company Limited
52	ZTE Corporation
53	China Railway Engineering Corporation
54	Beijing Enterprises Group Co., Ltd.
55	Bright Food (Group)Co.,Ltd.
56	Hunan Valin Iron & Steel (Group) Co.,Ltd.
57	China International Marine Containers (Group) Ltd.
58	Sany Heavy Industry Co.,Ltd.
59	Jilin Jien Nickel Industry Co.,Ltd.
60	China Energy Conservation and Environmental Protection Group
61	Shougang Corporation
62	CRCC-Tongguan Investment Co.,Ltd.
63	Fosun International Limited
64	China Electronics Coporation
65	Changsha Zoomlion Heavy Industry S&T Development Co.,Ltd.
66	Haier Electrical Appliance Co.,Ltd.

Table 11 Continued 2

NO.	Name of Enterprise
67	China Huadian Corporation
68	China National Machinery Industry Corporation
69	China South Industries Group Corporation
70	Tianjin Bohai Leasing Co.,Ltd.
71	Nam Kwong (Group) Co.,Ltd.
72	Beijing Wangfujing International Business Development Co., Ltd.
73	China GuoDian Corporation
74	China Eastern Air Holding Company
75	Shenzhen Energy Group
76	Hebei Iron & Steel Group Co.,Ltd.
77	NanShan Group Co.,Ltd.
78	China Telecommunications Corporation
79	China Southern Air Holding Company
80	China Reform Holdings Corporation Ltd.
81	China Chengtong Holdings Group Ltd.
82	China National Gold Group Corporation
83	TCL Corporation
84	Guangdong Yudean Group Co., Ltd.
85	Baiyin Nonferrous Metal Company Limited
86	China Poly Group Corporation
87	Shanghai Overseas United Investment Co.,Ltd.
88	State Development & Investment Corporation (SDIC)
89	Xinjiang Zhongxin Resources Co.,Ltd.
90	Wanxiang Group Corporation
91	Yantai XinYi Investment Ltd.
92	Shanghai Alliance Investment Ltd.
93	Beijing Foreign E&T Group.
94	Shenzhen Zhongjin Lingnan Nonfemet Co.,Ltd.
95	Guangdong Communication Group Co.,Ltd.
96	China Academy of Telecommunications Technology
97	SAIC Motor Corporation, Ltd.
98	Inner Mongolia Yitai Group Co.,Ltd.
99	Salim Shanghai Group Co., Ltd.
100	Chongqing Chonggang Minerals Development Investment Limited

Table12 The Top 100 Non-financial Chinese TNCs Ranked by Foreign Assets, 2013

NO.	Name of Enterprise
1	China Petrochemical Corporation
2	China National Petroleum Corporation
3	China Resources (Holdings) Co.,Ltd.
4	China National Offshore Oil Corporation
5	China Unicom Corporation
6	China State Construction Engineering Corporation
7	China Merchants Group
8	Sinochem Corporation
9	China Ocean Shipping (Group) Company
10	China National Cereals, Oils & Foodsuffs Corp.
11	Aluminum Corporation of China
12	China Mobile Communications Corporation
13	Beijing Enterprises Group Company Limited
14	China Minmetals Corporation
15	Guangzhou Yuexiu Holdings Limited
16	CITIC Group
17	China Communication Construction Company Ltd.
18	China Power Investment Corporation
19	BOE Technology Group Co., Ltd.
20	Huawei Technologies Co.,Ltd.
21	Shanghai Geely ZhaoYuan Investments International Ltd.
22	China Poly Group Corporation
23	China National Chemical Corporation
24	China Shipping (Group) Company
25	State Grid Corporation of China
26	Shanghai Baosteel Group Corporation
27	GDH Limited
28	China National Travel Service (HK) Group Corp.
29	Yanzhou Coal Mining Company Limited
30	China Electronics Coporation
31	China North Industries Group Corporation
32	Dalian Wanda Group Co.,Ltd.
33	China Huaneng Group

Table 12 Continued 1

NO.	Name of Enterprise
34	Fosun International Limited
35	Power Construction Corporation of China.
36	China Vanke Co., Ltd.
37	China Three Gorges Corporation
38	China Metallurgical Group Corp.
39	Aviation Industry Corporation of China
40	China General Nuclear Power Group
41	ZTE Corporation
42	HNA Group
43	SinoSteel Corporation
44	Jinchuan Group Ltd.
45	China Railway Construction Corporation
46	Tianjin Bohai Leasing Co.,Ltd.
47	China National Aviation Holding Corporation
48	SINOTRANS&CSC Holdings Co., Ltd.
49	Salim Shanghai Group Co., Ltd.
50	China Nonferrous Metal Mining (Group) Co.,Ltd.
51	Shanghai (Z.J) Hi-Tech Park Development Co.,Ltd.
52	Haier Electrical Appliance Co.,Ltd.
53	Midea Group Co.,Ltd.
54	Bright Food (Group)Co.,Ltd.
55	Shougang Corporation
56	Wuhan Iron & Steel (Group) Corporation
57	Legend Holdings Ltd.
58	China International Marine Containers (Group) Ltd.
59	China Shipbuilding Industry Corporation
60	China Energy Conservation Investment Corporation
61	China Chengtong Holdings Group Ltd.
62	Anshan Iron & Steel Group Corporation
63	Sichuan Changhong Electric Co.,Ltd.
64	Shenhua Group Corporation Ltd.
65	Yantai XinYi Investment Ltd.
66	China Railway Engineering Corporation

Table 12 Continued 2

NO.	Name of Enterprise
67	Xi'An MaiKey Metals Group Ltd.
68	China GuoDian Corporation
69	Nam Kwong (Group) Co.,Ltd.
70	Jilin Jien Nickel Industry Co.,Ltd.
71	Fujian Energy Group Co., Ltd.
72	China National Gold Group Corporation
73	China Eastern Air Holding Company
74	Weichai Power Co., Ltd.
75	Wanxiang Group Corporation
76	Shanghai Wanxiang Resources Co.,Ltd.
77	China Huadian Corporation
78	Shandong iron & Steel Group Co.,Ltd.
79	Anhui Foreign Economic Construction (Group) Co.,Ltd.
80	China Telecommunications Corporation
81	China National Textiles Import & Export Corporation
82	Tsinghua Tongfang Holdings Limited
83	China National Aviation Fuel Group Corporation
84	China National Machinery Industry Corporation
85	China State Shipbuilding Corporation
86	Shanghai Pharmaecutical Co., Ltd.
87	SHUMYIP GROUP LTD
88	China Datang Corporation
89	Jiangxi Copper Corporation
90	ShangHai TangJiu (Group)Co.,Ltd.
91	Zuhai Jiuzhou Holding Group Limited
92	Guangdong Communication Group Co.,Ltd.
93	China National Building Material Group Coporation
94	CIMC Capital Ltd.
95	Hebei Iron & Steel Group Co.,Ltd.
96	Gemdale (Group) Co.,Ltd.
97	Hisense Company Ltd.
98	Guangdong Guangxin Holdings Group Ltd.
99	Beijing Wangfujing International Business Development Co., Ltd.
100	Baiyin Non Ferrous Metal Co.,Ltd.

Table13 The Top 100 Non-financial Chinese TNCs Ranked by Foreign Revenues, 2013

NO.	Name of Enterprise
1	China Petrochemical Corporation
2	China National Petroleum Corporation
3	China National Offshore Oil Corporation
4	China Resources (Holdings) Co.
5	Sinochem Corporation
6	China Unicom Corporation
7	China Ocean Shipping (Group) Company
8	China National Cereals, Oils & Foodsuffs Corp.
9	Guangdong Guangxin Holdings Group Ltd.
10	CITIC Group Corporation
11	China Electronics Coporation
12	SAIC Motor Corporation, Ltd.
13	China National Aviation Fuel Group Corporation
14	CITIC Group Corporation
15	Shanghai Baosteel Group Corporation
16	China Minmetals Corporation
17	Xi'an Maike Enterprise Group
18	China National Chemical Corporation
19	Shanghai Wanxiang Invest Co.,Ltd.
20	Zhuhai Zhenrong Company
21	China Communication Construction Company Ltd.
22	China National Travel Service (HK) Group Corp.
23	China Mobile Communications Corporation
24	Huawei Technologies Co.,Ltd.
25	Beijing Enterprises Group Company Limited
26	Midea Group Co.,Ltd.
27	SinoSteel Corporation
28	Aviation Industry Corporation of China
29	China Power Investment Corporation
30	ZTE Corporation
31	China Shipping (Group) Company
32	China Merchants Group
33	HuaYue Group Co.,Ltd.

Table13 Continued 1

NO.	Name of Enterprise
34	Nam Kwong (Group) Co.,Ltd.
35	Wuhan Iron & Steel (Group) Corporation
36	Jiusan Oils & Grains Industries Group Co.,Ltd.
37	Jinchuan Group Ltd.
38	Shougang Corporation
39	Sichuan Changhong Electric Co.,Ltd.
40	Power Construction Corporation of China
41	China Nonferrous Metal Mining (Group) Co.,Ltd.
42	Haier Electrical Appliance Co.,Ltd.
43	Anshan Iron & Steel Group Corporation
44	Jiangxi Copper International Trading Co.,Ltd.
45	China National Arts & Crafts (Group) Corporation
46	Dalian Wanda Group Co.,Ltd.
47	China Poly Group Corporation
48	Wanxiang Group
49	Guangzhou Yuexiu Holdings Limited
50	China National Textiles Import & Export Corporation
51	China Huaneng Group
52	YangGu XiangGuang Copper Co.,Ltd.
53	Guangdong Guangxin Holdings Group Ltd.
54	Wengfu Intertrade Limited
55	ShanDong Energy (Group)Co.,Ltd.
56	Fengli Group Co.,Ltd
57	GDH Limited
58	China Metallurgical Group Corp.
59	China Chengtong Holdings Group Ltd.
60	China Energy Conservation and Environmental Protection Group
61	Daye Nonferrous Metals Company
62	Shanghai Zhangjiang Hi-tech Park Development Co.,Ltd
63	Hisense Company Ltd.
64	Jiangsu Shagang Group
65	Golden Dragon Precise Copper Tube Group Inc.
66	Jizhong Energy International Logistics Group Co.,Ltd

Table13 Continued 2

NO.	Name of Enterprise
67	China National Aviation Holding Corporation
68	Gree Electric Appliances,Inc.of Zhuhai
69	Yuntianhua United Commerce Co.,Ltd
70	Yanzhou Coal Mining Company Limited
71	Tewoo International Trade Co.,Ltd.
72	Guangzhou Yuanheng Energy Co. Ltd.
73	Stellar Tube & Pipe Group Co.,Ltd
74	Yantai XinYi Investment Ltd.
75	SINOTRANS&CSC Holdings Co., Ltd.
76	Tianjin Metallurgical No.1 Steel Group
77	China National Building Materials Group Corporation
78	Salim Shanghai Group Co., Ltd.
79	Yunnan Copper Co.,Ltd.
80	Benxi Iron and Steel Group
81	Xiamen ITG Group Corp., Ltd.
82	Bright Food (Group)Co.,Ltd.
83	China General Technology (Group) Holding Ltd.
84	TaiYuan Iron & Steel (Group) Co.,Ltd.
85	China General Nuclear Power Group
86	Jiangxi Copper Corporation
87	Xiamen C&D Inc.
88	Jigang Group Co.,Ltd.
89	Shandong Ruyi Technology Group Co.,Ltd.
90	Shanghai Electric Group Corp.
91	Zhejiang Hailiang Co.,Ltd
92	Shenhua Group Co.,Ltd
93	Zhejiang Metal Materials Co.
94	China Three Gorges Corporation
95	Guangdong Materials Group Corporation
96	China Vanke Co.,Ltd
97	Changzhou Zhongfa Iron Co.,Ltd.
98	Hebei Iron and Steel Group
99	Shenzhen Zhongjin Lingnan Nonfemet Co.,Ltd.
100	Zhejiang Hengyi Group Co., Ltd.